O coordenador
pedagógico
no espaço escolar:
articulador, formador
e transformador

## Leitura indicada

1. O coordenador pedagógico e a educação continuada
2. O coordenador pedagógico e a formação docente
3. O coordenador pedagógico e o espaço da mudança
4. O coordenador pedagógico e o cotidiano da escola
5. O coordenador pedagógico e questões da contemporaneidade
6. O coordenador pedagógico e os desafios da educação
7. O coordenador pedagógico e o atendimento à diversidade
8. O coordenador pedagógico: provocações e possibilidades de atuação
9. O coordenador pedagógico e a formação centrada na escola
10. O coordenador pedagógico no espaço escolar: articulador, formador e transformador
11. O coordenador pedagógico e o trabalho colaborativo na escola
12. O coordenador pedagógico e a legitimidade de sua atuação
13. O coordenador pedagógico e seus percursos formativos
14. O coordenador pedagógico e questões emergentes na escola
15. O coordenador pedagógico e as relações solidárias na escola
16. O coordenador pedagógico e os desafios pós-pandemia
17. O coordenador pedagógico e seu desenvolvimento profissional na educação básica

# O coordenador pedagógico no espaço escolar: articulador, formador e transformador

**Vera Maria Nigro de Souza Placco**
**Laurinda Ramalho de Almeida**
ORGANIZADORAS

Adriana Stella Pierini
Ana Maria Falcão de Aragão
Ana Paula Petroni
Andrea Jamil Paiva Mollica
Edi Silva Pires
Laurinda Ramalho de Almeida
Lilian Aparecida Cruz Dugnani
Maria Carmen Vilella Rosa Tacca
Moacyr da Silva
Rinalda Bezerra Carlos
Vera Lucia Trevisan de Souza
Vera Maria Nigro de Souza Placco

*Edições Loyola*

Dados Internacionais de Catalogação na Publicação (CIP)
(Câmara Brasileira do Livro, SP, Brasil)

O coordenador pedagógico no espaço escolar : articulador, formador e transformador / Vera Maria Nigro de Souza Placco, Laurinda Ramalho de Almeida, organizadoras. -- São Paulo : Edições Loyola, 2015.

Vários autores.
ISBN 978-85-15-04276-0

1. Coordenadores educacionais 2. Educação - Finalidades e objetivos 3. Pedagogia 4. Professores - Formação I. Placco, Vera Maria Nigro de Souza. II. Almeida, Laurinda Ramalho de.

15-03113 CDD-370.71

Índices para catálogo sistemático:
1. Coordenação pedagógica : Educação 370.71
2. Coordenadores pedagógicos : Educação 370.71

**Conselho editorial:**
Abigail Alvarenga Mahoney
Emilia Freitas de Lima
Idméa Semeghini Próspero Machado de Siqueira
Laurinda Ramalho de Almeida
Melania Moroz
Vera Maria Nigro de Souza Placco

**Preparação:** Vero Verbo Serviços Editoriais
**Capa:** Maria Clara R. Oliveira
         Ronaldo Hideo Inoue
**Diagramação:** So Wai Tam
**Revisão:** Mônica Aparecida Guedes

**Edições Loyola Jesuítas**
Rua 1822 nº 341 – Ipiranga
04216-000 São Paulo, SP
T 55 11 3385 8500/8501, 2063 4275
editorial@loyola.com.br
vendas@loyola.com.br
www.loyola.com.br

*Todos os direitos reservados. Nenhuma parte desta obra pode ser reproduzida ou transmitida por qualquer forma e/ou quaisquer meios (eletrônico ou mecânico, incluindo fotocópia e gravação) ou arquivada em qualquer sistema ou banco de dados sem permissão escrita da Editora.*

ISBN 978-85-15-04276-0

© EDIÇÕES LOYOLA, São Paulo, Brasil, 2015

# Sumário

Apresentação ................................................................... 7

Retrato do coordenador pedagógico brasileiro: nuanças
das funções articuladoras e transformadoras ............................... 9
   *Vera Maria Nigro de Souza Placco*
   *Laurinda Ramalho de Almeida*
   *Vera Lucia Trevisan de Souza*

Memórias de incidentes críticos como impulso
para iniciar processos formativos .............................................. 25
   *Laurinda Ramalho de Almeida*

A dimensão do trabalho coletivo na escola: intervenções
com a equipe gestora ............................................................ 53
   *Vera Lucia Trevisan de Souza*
   *Ana Paula Petroni*
   *Lilian Aparecida Cruz Dugnani*

O coordenador pedagógico na perspectiva de professores
iniciantes na EJA (Educação de Jovens e Adultos) ........................ 73
   *Andrea Jamil Paiva Mollica*

A avaliação como recurso articulador do trabalho do coordenador
pedagógico: revisitando a experiência dos ginásios vocacionais.
Contribuições para a atualidade ............................................... 91
   *Moacyr da Silva*

Em busca de uma formação para a transformação: um estudo
realizado com o CEFAPRO de Cáceres/MT ................................ 103
   *Rinalda Bezerra Carlos*
   *Vera Maria Nigro de Souza Placco*

O alcance da atuação do coordenador pedagógico
no contexto de escolas públicas do Distrito Federal ..................... 123
 *Edi Silva Pires*
 *Maria Carmen Vilella Rosa Tacca*

Uma conversa entre espaços: o coordenador pedagógico
e a formação com o cotidiano ..................................................... 151
 *Adriana Stella Pierini*
 *Ana Maria Falcão de Aragão*

# Apresentação

Ao trazer a público o 10º volume da Coleção Coordenador Pedagógico, expressamos nossa satisfação pela trajetória que empreendemos, desde 1998, que se traduz em compromisso compartilhado com a rede pública de ensino, com coordenadores pedagógicos e gestores, com professores, futuros professores e formadores. Nossa satisfação também pelas parcerias firmadas, com educadores de diferentes regiões do país e do exterior, com mestrandos e doutorandos, com acadêmicos e profissionais de escolas, que construíram conosco cada volume desta coleção. Finalmente, nosso orgulho e agradecimento aos nossos leitores, que têm acolhido nossas ideias e questionamentos, de forma enriquecedora e carinhosa.

Esse compromisso é a face visível de nosso desejo e empenho por uma educação de qualidade, que enfrente e supere o desafio da desigualdade social e econômica, que impede o acesso e a permanência dos alunos nas escolas.

Neste 10º volume, buscamos, então, desenhar possibilidades e alternativas para o enfrentamento das limitações apontadas, com a clareza de que o CP, sozinho, não resolverá todas elas.

O retrato do Coordenador Pedagógico Brasileiro, resultado de pesquisa empreendida nas cinco regiões do país, evidencia as carências das escolas, materiais e humanas e a disponibilidade do coordenador em supri-las, a despeito de se desviar de suas funções articuladora, formadora e transformadora.

Neste livro, selecionamos algumas questões voltadas para a atuação do CP e o alcance dessa atuação: seu desempenho junto ao professor iniciante de EJA, a articulação do trabalho coletivo e da avaliação.

Ao se falar da atuação do CP, não se pode deixar de mencionar a dimensão formativa, seja da perspectiva das metodologias dessa formação (incidentes críticos e espaços de conversa), seja da perspectiva dos resultados de processos formativos em curso no país.

Esperamos que também este volume seja acolhido com a generosidade e crítica que sempre recebemos de nossos leitores.

São Paulo, abril de 2015.

Vera Maria Nigro de Souza Placco
Laurinda Ramalho de Almeida

# Retrato do coordenador pedagógico brasileiro: nuanças das funções articuladoras e transformadoras

Vera Maria Nigro de Souza Placco[1]
veraplacco@pucsp.br

Laurinda Ramalho de Almeida[2]
laurinda@pucsp.br

Vera Lucia Trevisan de Souza[3]
vera.trevisan@uol.com.br

## Introdução

Em pesquisa realizada em 2010/2011[4], com o objetivo de "identificar e analisar os processos de coordenação pedagógica,

---

1. Professora titular do Programa de Estudos Pós-Graduados em Educação: Psicologia da Educação da PUC-SP.
2. Professora Doutora do Programa de Estudos Pós-Graduados em Educação: Psicologia da Educação e vice-coordenadora do Programa do Mestrado Profissional em Educação: Formação de Formadores, ambos da PUC-SP.
3. Professora e coordenadora do Programa de Pós-Graduação em Psicologia da PUC-Campinas.
4. A primeira fase da pesquisa, realizada em 2010, procedeu a um levantamento quantitativo, envolvendo 400 CPs de 13 Estados brasileiros. Site: <http://www.fvc.org.br/estudos-e-pesquisas/2010/perfil-coordenadores-pedagogicos-605038.shtml>. Esta segunda fase compreendeu um aprofundamento da análise, aplicação de questionários e entrevistas e painel de especialistas, como apresentado e descrito neste relatório, e neste, usamos a sigla CP para coordenador ou coordenadora pedagógica. Financiamento e apoio: Fundação Victor Civita/Fundação Carlos Chagas.

em curso em escolas de diferentes regiões brasileiras, de modo a ampliar o conhecimento sobre o CP ou função semelhante, quanto às suas potencialidades e limitações, e, com isso, subsidiar políticas públicas de formação docente e organização dos sistemas escolares" (PLACCO, ALMEIDA, SOUZA 2011, p. 226), foi possível caracterizar o trabalho dos CPs brasileiros, em suas três dimensões: articuladora, formadora e transformadora.

A referida pesquisa intentou uma análise dos dados coletados, de modo que fosse possível compreender "como se estruturam e se articulam as atribuições de coordenação pedagógica, em escolas de Ensino Fundamental e Médio, analisando as características do perfil do coordenador pedagógico e suas percepções, assim como as de diretores e professores, quanto a: adesão/rejeição às atribuições da função, dificuldades decorrentes do funcionamento e organização da escola e da formação do profissional do CP e dos professores que coordena, partindo-se do pressuposto de que o papel central do CP é o de formador de seus professores" (PLACCO, ALMEIDA, SOUZA 2011, p. 226).

Nas atividades que o coordenador desenvolve nas três dimensões referidas ele constitui continuamente sua identidade profissional e a análise desse movimento identitário permite uma melhor compreensão de como faz face aos desafios da profissão e supera a tensão entre as atribuições que lhe são feitas e as identificações/não identificações que assume em relação a essas atribuições. Ao tentar entender esse movimento, é preciso considerar que a escola na qual atua o CP é única: "cada escola tem características pedagógico-sociais irredutíveis quando se trata de buscar soluções para os problemas que vive. A realidade de cada escola [...] como é sentida e vivenciada por alunos, pais e professores, é o único ponto de partida para um real e adequado esforço de melhoria" (AZANHA 1983, p. 3).

Portanto, realiza trabalho com gestão, professores e comunidade também únicos. Sabe-se que, para o enfrentamento do cotidiano escolar, há necessidade de parcerias e trabalho coletivo, na escola, o que não configura tarefa fácil. Assim, o CP exerce/pode exercer, nessa escola, a função articuladora dos processos educativos, além de ser chamado a realizar também uma função formadora dos professores, frequentemente despreparados para o trabalho coletivo e o próprio trabalho pedagógico com os alunos. É chamado ainda para uma função transformadora, articuladora de mediações pedagógicas e interacionais que possibilitem um melhor ensino, melhor aprendizagem dos alunos e, portanto, melhor qualidade da educação.

Muitos textos atuais, dentre os quais o da Coleção "Coordenador Pedagógico" da Loyola, buscam estudar o papel ou as funções do CP, sob diferentes perspectivas. Neles, a formação contínua de professores, a formação de professores em serviço, na escola, são temas recorrentes, trazendo significativa compreensão quanto às atribuições e constituição identitária desse profissional.

Lembramos que, nos últimos 40 anos — com destaque para os últimos 10 anos —, textos legais, nos âmbitos estaduais e municipais, principalmente, têm oferecido diretrizes para a atuação desse profissional, representando, concretamente, atribuições e expectativas quanto ao seu desempenho, o que representa o reconhecimento oficial do lugar reservado a esse profissional, nas escolas. No entanto, não se pode deixar de destacar quanto são numerosas e diversificadas as funções a ele atribuídas, atribuições essas de ordem muito diversa — pedagógicas, como: liderança do PPP (projeto político pedagógico) e apoio aos professores, mas, predominantemente burocráticas e administrativas, de assessoramento da direção, deixando pouco ou nenhum destaque para sua função formadora de professores, que deveria ser priorizada.

## O movimento da constituição identitária

Dubar (1997), sociólogo francês que estuda as identidades no trabalho, entende que, no processo de constituição da identidade, concomitante e continuamente, assumimos várias identidades, a depender do contexto em que estamos, das atribuições feitas e de nossa identificação ou não com esse contexto e atribuições. Assim, estabelece-se um contínuo "movimento de tensão entre os atos de atribuição (que correspondem ao que os outros dizem ao sujeito que ele é e que o autor denomina de identidades virtuais) e os atos de pertença, em que o sujeito se identifica com as atribuições recebidas e adere às identidades atribuídas. Enquanto a atribuição corresponde à identidade para o outro, a pertença indica a identidade para si, e o movimento de tensão se caracteriza, justamente, pela oposição entre o que esperam que o sujeito assuma e seja, e o desejo do próprio sujeito em ser e assumir determinadas formas identitárias" (PLACCO, ALMEIDA, SOUZA 2011, p. 239). Assim, o processo de constituição identitária se foca na identificação ou não identificação com as atribuições. Estas, advindas de outros, constituem o sujeito, a partir de grupos sociais em que o sujeito interage: a família, o grupo de amigos e, especialmente, o âmbito do trabalho.

A constituição identitária se define, portanto, em processo, uma construção em contexto, em que a história individual e social do sujeito e sua adesão ou **pertença** (de si para o outro) se articulam tensamente com os **atos de atribuição** (do outro para si), permanentemente.

Neste texto, nosso foco será o trabalho do CP no cotidiano escolar, e com o referente teórico de Dubar (1997), pensamos as identidades dos CPs, em contexto, reconhecendo a influência da dinâmica **atribuição** (pelo sistema escolar, pela organização escolar e pelos educadores da escola) e **pertença** (pela adesão ou não do CP às atribuições da escola ou às representações sobre a coordenação pedagógica) na constituição identitária desses profissionais.

## Atribuições dos coordenadores pedagógicos em relação às funções de articulação, formação e transformação

A pesquisa realizada compreendeu duas fases: a primeira, desenvolvida em 2010, procedeu a um levantamento quantitativo, envolvendo 400 CPs de 13 Estados brasileiros. A segunda fase, à qual nos referimos neste artigo, compreendeu um aprofundamento da análise, aplicação de questionários e entrevistas. Nesta segunda fase, foi possível identificar as adesões (ou não) dos CPs em relação a funções de articulação, formação e transformação, dentro da escola, seja junto ao PPP, aos professores, aos alunos, à gestão e à comunidade. Esses movimentos de adesão ou não adesão possibilitam a identificação de movimentos identitários, fundamentais para nossa compreensão do CP e seu trabalho. Assumindo seu papel na escola, junto aos professores, alunos, direção e outros CPs, assumem também as atribuições estabelecidas pelo sistema de que faz parte aquela instituição escolar. Não será discutido aqui o aspecto legal dessas atribuições, embora reconheçamos que o instituído pela legislação interfere na constituição identitária do CP.

Os sujeitos desta pesquisa trabalham em diferentes níveis de ensino — Infantil, Fundamental e Médio, das redes municipal ou estadual, em diferentes turnos de funcionamento — matutino, vespertino e/ou noturno. Além disso, as escolas em que trabalham são de pequeno, médio ou grande porte, atendendo diferentes classes sociais. Nessas escolas, os CPs atendem diferentes quantidades de professores e alunos, havendo escolas que contam com um só CP e outras, com até 8 CPs. No entanto, observa-se que as expectativas e atribuições em relação a eles, em cada uma dessas escolas, permanecem semelhantes. Também os contextos de trabalho dos CPs são semelhantes, nas redes municipais e estaduais das cinco regiões do Brasil, com exceção à relação entre o número de coordenadores atuantes nas escolas e o tamanho delas.

Mas, os CPs desta pesquisa divergem em relação a duas questões fundamentais: a necessidade de ter exercido a docência e de ter formação específica para a função. Alguns entendem que é possível exercer a coordenação sem ter sido professor, considerando o exercício na função e manter boas relações com professores, alunos e pais mais valioso que ter formação específica para a coordenação pedagógica. Entretanto, paradoxalmente, os CPs consideram que seria necessária uma formação mais específica para a função e concordam com a necessidade de sua formação contínua.

Diante da grande variedade de atribuições a eles dirigidas, é frequente que os CPs as assumam como pertença. CPs de todas as regiões do país identificam, como atribuições suas na escola: atendimento a professores, alunos e pais; atendimento a demandas do diretor e de técnicos das secretarias estaduais ou municipais de educação; atividades administrativas; organização de eventos; atendimento às ocorrências que envolvem os alunos. Contudo, ao descreverem suas atividades cotidianas, fica claro o pouco tempo que acaba sendo dedicado ao acompanhamento aos professores. Assim, o acompanhamento do planejamento, sua execução e avaliação — tarefas potencialmente formativas — são postergadas ou anuladas e outras funções, predominantemente relacionadas às relações interpessoais ou administrativas, são priorizadas.

Isso gera nos CPs uma clara tensão entre suas expectativas quanto à função (como a entendem) e o cotidiano vivido (o que realizam na escola, voltado prioritariamente ao atendimento às demandas administrativas e disciplinares).

Diretores, professores e CPs consideram as mediações em relação à parte pedagógica da escola e às relações na escola como parte prioritária das atribuições do CP, o qual revela adesão a essas expectativas. No entanto, também consideram função do CP participar da gestão, dos processos decisórios da escola.

Com relação à formação de professores, essas atribuições não são tão claras. Diretores, em diversas regiões do Brasil, à exceção de São Paulo, não atribuem ao CP a função formativa, dando realce às múltiplas atividades articuladoras exercidas pelo CP, para indicar a inviabilidade dos processos formativos na escola. E justificam sua posição, argumentando:

> [...] o coordenador tem que fazer N atividades. Como é que ele faz uma formação, se ele tem que sentar com o professor e, ao mesmo tempo, tem que estar atendendo o aluno, o professor, ao chamado de um pai que vem aqui, e assim vai...? Então, fica difícil estar fazendo esse trabalho (Diretor da cidade de Natal, RN).

Além das atividades citadas, os diretores claramente solicitam aos CPs outras atividades, ligadas a necessidades administrativas ou burocráticas da escola, o que realmente acaba por inviabilizar a formação de professores.

Assim, seja por dificuldades pessoais do CP em assumir a formação, seja por não ser ela priorizada pelos diretores, esta é uma atribuição específica do CP que fica secundarizada, na maior parte das escolas brasileiras. Prevalece, assim, o eixo da articulação, em detrimento do eixo da formação. E esse desequilíbrio contribui para que o eixo da transformação quase nunca chegue a ser cogitado, no âmbito da escola.

É relativamente frequente que os professores atribuam ao CP funções de fiscalização, uma vez que muitos CPs, ao realizarem o acompanhamento dos planejamentos dos professores, o fazem na simples verificação do cumprimento do planejado e das rotinas da escola.

Quando se analisam as atribuições feitas por diretores e professores aos CPs, é possível identificar as semelhanças entre elas. Com isso, ganham força no movimento de adesão a elas pelo CP, mesmo quando sua realização acaba por ser inviável, frente ao volume de atividades a serem realizadas cotidianamente. E isso reforça uma identificação profissional do CP como o solucionador de problemas, o "bombeiro" ou "apagador de incêndios".

No contexto das atribuições dos CPs, estes apontam um conjunto de dimensões pessoais necessárias a esse profissional: compromisso ético; compromisso com a formação de professores; ter sido professor; ter "didática"; gostar do que faz; conhecer a legislação; conhecer a literatura pedagógica sobre educação, coordenação e gestão escolar; conhecer estratégias de gestão de grupo; desenvolver liderança junto aos participantes da escola; manter bom relacionamento com os professores; valorizar o trabalho em grupo; acreditar no aluno, em suas competências e capacidades; ser capaz de planejar e avaliar o trabalho.

As características que se atribuem são, como as atribuições que lhes são dadas, muito diversificadas e em grande número. Nesse contexto, é frequente que o próprio CP, ao exercer suas múltiplas atividades, tenha dificuldade para estabelecer prioridades e realizar ações que atendam às reais necessidades da escola.

Nos estudos que temos empreendido, a formação inicial de educadores que exercerão as funções de CP — pedagogos e outros licenciados — não tem dado conta de desenvolver todos esses aspectos apresentados. O mesmo acontece na formação continuada.

Dentre as práticas educativas da escola, chama a atenção aquela referente às relações interpessoais: diretor/equipe diretiva/CP/funcionários, CP/professores, CP/alunos, CP/comunidade, professores/alunos, professores/pais etc. Embora, em nossa pesquisa,

CP, diretores e professores das cinco regiões tenham classificado as relações na escola como boas e muito boas, ressaltando a parceria, o atendimento a solicitações e às expectativas, outras pesquisas têm mostrado que esta é uma área sensível e pouco discutida/trabalhada, dentro das escolas.

Essas relações, em realidade, são dificultadas pelo excesso de compromissos de parte a parte, pelos desvios de função tanto de diretores quanto de CPs, pelas deficiências de formação dos professores e sua pouca disponibilidade para novos estudos e novas ações docentes, pela falta de parceria e dificuldades de trabalhar coletivamente, o que acaba por interferir nas rotinas pedagógicas e, consequentemente, nas aprendizagens dos alunos.

As redes de ensino buscam manter boa relação com as escolas, visitando-as periodicamente, realizando orientações e possibilitando a troca de experiências, mas nem sempre as orientações oferecidas atendem às reais necessidades das escolas, dos professores e, principalmente, dos CPs.

Outra prática educativa relacionada às funções do CP é referente à gestão do projeto político pedagógico da escola (PPP), que envolve participação coletiva e gestão democrática.

A participação do coletivo para elaboração, execução e avaliação do PPP é um dos grandes desafios da escola e do trabalho do CP. Frequentemente, os professores não participam da elaboração do PPP e muitos deles acreditam mesmo que não o devam fazer. Por outro lado, ainda é comum que o PPP seja elaborado para envio às instâncias do sistema (Diretoria, Núcleos e outros), não se constituindo documento orientador das ações pedagógicas da escola. Os CPs e direção, geralmente, consideram importante essa participação no processo e se empenham para que aconteça:

> a participação dos professores já é bem maior, porque nós buscamos fazer tudo no coletivo, para que não tenham nada para dizer: "eu não participei, eu não sabia..." (CP da cidade de São Paulo-SP).

A dinâmica dessa elaboração e da execução do PPP é muito diferenciada, nas diferentes regiões e redes de ensino, uma vez que as reuniões coletivas para tal podem ter periodicidade desde mensal até anual e mesmo trienal. Há casos em que essas reuniões nem acontecem, pois o PPP é elaborado pelos gestores — às vezes, apenas pelo CP. Quanto à execução, as reuniões — coletivas ou individuais, com professores, podem ser semanais, mensais, bimensais (em conselhos de classe), semestrais, anuais ou acontecerem esporadicamente. Muitas dessas reuniões são burocrático-administrativas, nem se referindo, diretamente, a questões do PPP.

Nesse sentido, a participação dos professores em reuniões nem sempre envolve a execução e avaliação do PPP, o que significa que este acontece muito mais de maneira espontaneísta e aleatória, do que guiado por reflexões pedagógicas pertinentes às necessidades da educação e da escola. Mais uma vez, as ações do CP não conseguem se concretizar na direção de uma constituição identitária como gestor de relações e articulador do PPP, embora esta seja uma demanda sua e dos demais educadores da escola.

## Atribuições dos coordenadores pedagógicos frente à demanda da formação docente continuada na escola

Foi possível constatar, na pesquisa com CPs, nas cinco regiões brasileiras, que estes profissionais atendem precariamente, no seu cotidiano, à formação de professores, mesmo que quase todos indiquem essa formação como parte de suas atribuições, e a valorizem.

Embora reconheçam as defasagens de formação dos professores, embora identifiquem que estes têm dificuldade não apenas de fazer a gestão da sala de aula, mas muitas vezes, também de trabalhar seu conteúdo específico em sala de aula, os CPs têm muita dificuldade em enfrentar esse desafio, da formação continuada de seus professores, seja por suas dificuldades pessoais para esse enfrentamento, seja por falhas de sua formação para serem os promotores dessa formação, seja por suas limitações enquanto líderes do coletivo de professores.

Na pesquisa, foi marcante a posição — seja de professores, seja de CPs — em relação à prática: consideram que tudo o que de relevante têm aprendido de suas profissões, aprenderam-no no seu exercício, desvalorizando quaisquer contribuições que possam ter advindo da formação inicial, de atividades de formação continuada e ainda, das fundamentações teóricas oferecidas nesses âmbitos. Assim, o conhecimento da realidade da escola, dos alunos e professores, da comunidade em que está a escola, os processos de desenvolvimento e aprendizagem dos alunos não se articulam sistematicamente como prática e teoria, garantindo possibilidade de avanço da prática pedagógica de todos envolvidos.

Chama a atenção, no desempenho dos CPs, a pouca realização de atividades de formação de professores na escola. Mesmo ações formativas simples, como preparar o novo professor para sua inserção na escola, não são realizadas.

Assim, o que os CPs fazem, com relação à formação, nas diferentes regiões do Brasil? Em primeiro lugar, é necessário que se esclareça que quem planeja e organiza a formação de professores das escolas, em geral, são as Secretarias de Educação do Estado e do Município. A participação dos CPs nesse planejamento e execução da formação, em alguns Estados, se resume ao oferecimento de sugestões e, eventualmente, ao repasse ou proposição de discussões sobre os conteúdos que foram estudados, nas formações das Secretarias.

Nesse contexto, temas para os processos formativos dos professores são também propostos pelas Secretarias de Educação, Diretoria de Ensino, Centros de Formação ou Núcleos, sendo que sugestões dos professores podem ser coletadas pelos CPs.

Essas formações são oferecidas com periodicidade variada, aos professores — ou aos CPs, para que as repassem aos professores: mensal ou bimestralmente, semanalmente, quinzenalmente, eventualmente bimestral; e com duração de uma a oito horas diárias. Há casos de apenas uma formação por ano, em encontro de quatro horas com os professores.

As formações se dão, geralmente, fora da escola, em horário estabelecido pela Secretaria de Educação. Formações nas escolas ocorrem no horário de planejamento e por turno, em reuniões, nos HTPC (Horários de Trabalho Pedagógico Coletivo) ou também chamados horários de permanência dos professores.

Quando as formações se dão na escola, estas se realizam por meio de reuniões de planejamento, grupos de estudo, encontros pedagógicos. Mesmo na escola, muitas dessas formações se dão no coletivo, a partir de sugestões das Secretarias de Educação. No entanto, os CPs consideram esses momentos muito significativos, dado que a formação se dá muito mais relacionada à realidade da escola e dos professores. E se torna possível fazer o movimento de aplicação de atividades, na sala de aula, e retornar ao grupo, para que as discussões avancem, provocando mudança nas práticas.

Nos Estados em que a formação se dá na escola, estes momentos são obrigatórios, embora haja professores que buscam também ampliar sua formação, em outros espaços, o que é incentivado pelos CPs.

Os professores também analisam a forma de maneira assemelhada: enfatizam o valor da prática, em detrimento da teoria, valorizam a troca de experiências com seus pares e com os CPs, a relação dos temas e conteúdos com o cotidiano da sala de aula, com os alunos, com a realidade da escola, na expectativa de maior diálogo entre teoria e prática. Finalmente, valorizam formações que utilizem aplicação de práticas, em sala de aula, de modo que concretizem e visualizem o que estão aprendendo.

### Percepção do coordenador pedagógico quanto à própria formação

A maioria dos CPs das cinco regiões do Brasil tem como formação inicial predominante a Pedagogia, seja em 1ª ou em 2ª graduação, bem como formação em magistério de 2º grau. Não fazem comentários em relação à graduação cursada, mas expressam a importância do aprimoramento das aprendizagens que a graduação possibilitou. Assim, muitos possuem especialização, em áreas variadas; outros expressam os cursos que gostariam de fazer para aprimorar suas práticas. Na maioria das regiões, tanto na rede estadual como na municipal, os cursos frequentados pelos CPs são organizados por órgãos das Secretarias às quais suas unidades pertencem.

Os CPs das regiões entendem que têm uma formação continuada, que se resume a cursos e encontros, quase sempre pontuais, guiados por temas decididos pelas instâncias superiores, as quais convocam os CPs a participar (exceção feita à região Sul, na qual os CPs têm certa participação na proposição dos temas). Parece tratar-se de cursos com conteúdos voltados aos professores ou ao ensino-aprendizagem dos alunos e o CP participa como mediador ou mesmo multiplicador — aquele que vai repassar o conteúdo apropriado para os docentes. Esses cursos vão direcionando, portanto, as reuniões de formação de professores que ocorrem na escola, visto tornarem-se o conteúdo desses encontros.

O que os CPs mais valorizam da formação que recebem é a troca de experiência com outros CPs, nos grupos de estudo, pois é possível que, nesses momentos, se sintam acolhidos em suas buscas por seus pares. Por outro lado, é importante ressaltar que, nas diferentes regiões, CPs enfatizam a primazia da prática cotidiana, da experiência, como melhores espaços de formação para o desenvolvimento de sua função.

### Reflexões sobre os achados da pesquisa

As possibilidades de discussão são muitas, a partir dos dados arrolados pela pesquisa, mas, no contexto deste capítulo, apresentaremos três:

1. O processo de constituição identitária dos CPs tem, em sua base, as experiências vividas por eles enquanto docentes, visto que se constatou, na pesquisa realizada, que a maioria dos CPs é de mulheres, com média de idade de 46 anos e até 5 anos de exercício como CP, o que mostra sua maior experiência como docente do que como CP.

É um grupo profissional que se declara satisfeito com a função e com as condições de trabalho, com exceção do salário, fonte de reclamações em todos os Estados pesquisados. De fato, mesmo os diretores concordam que as condições de trabalho e carreira dos CPs não são boas e interferem em seu trabalho, uma vez que muitos têm de se dedicar a outros empregos, para obter uma melhor remuneração. A desvalorização profissional interfere na constituição identitária desses profissionais, embora os CPs afirmem que a baixa remuneração e o modelo de carreira adotado (coordenação pedagógica estabelecida como função e não como cargo, no sistema) não têm tanta importância no grau de satisfação que manifestam em relação à profissão, considerada gratificante e possibilitadora de crescimento pessoal e profissional.

E esta foi uma das grandes questões trazidas pela pesquisa: Mesmo com as "dificuldades enfrentadas por este profissional, como a remuneração, a grande quantidade de tarefas, o pouco tempo para realizá-las e a falta de formação específica" (PLACCO, ALMEIDA, SOUZA 2011, p. 274), o que manteria tantos CPs na profissão, declarando sua satisfação? Concluímos que, assumindo as dificuldades e desvalorizações, assumindo um trabalho exigente e cujas demandas extrapolam limites, "os benefícios obtidos, sobretudo em relação a questões afetivas e relacionais, sustentam e promovem a identificação (dos CPs) com a função" (PLACCO, ALMEIDA, SOUZA 2011, p. 274). Essas questões afetivas e relacionais se referem à tensão entre as demandas e expectativas de diretores e professores (e também outros educadores da escola) e aquilo que o CP considera como sendo sua função. Essa tensão — e as contradições que trazem ao desempenho e à constituição identitária do CP — se resolve na medida em que o CP faz a opção por corresponder às demandas, como se sua profissão fosse uma missão que ele tem de realizar — missão essa com origens na história da educação brasileira e que não oferece possibilidade de escolha, mas deve ser assumida, mesmo que com sofrimento. Assim seu trabalho será reconhecido pelos demais e o profissional se sentirá valorizado, reconhecido e respeitado pelos demais, por sua "abnegação". O reconhecimento de seu trabalho pelos demais educadores o mantém, mesmo que não ocorram, na prática cotidiana, mudanças muito significativas.

A falta de limites quanto à resposta às demandas da escola e de seus participantes pode levar a graves desvios da função necessária do CP e impedir que ações relevantes e prioritárias sejam realizadas.

Assim, o excesso de atribuições, por parte da legislação, do diretor, dos professores, órgãos do sistema de ensino, alunos e pais, interfere na construção de uma identidade profissional do CP, levando-o a uma ambiguidade entre o que ele considera serem suas funções, as dimensões históricas da profissão, sua história pessoal e de formação, suas condições de trabalho. E seu discurso em relação à profissão se constitui ainda mais um elemento a ser considerado, nesse contexto constitutivo de sua identidade profissional.

2. Falar em formação docente é falar também na formação inicial e continuada do CP. Sem entrar na discussão se ele deveria ou não ser pedagogo, reconhece-se que sua formação inicial atual é inadequada e que há especificidades da função de CP que precisariam ser trabalhadas nessa formação. Esta formação inadequada está na base das dificuldades encontradas pelo CP em seu trabalho cotidiano e, especialmente, em relação à formação docente continuada.

Quanto à sua formação continuada, segundo a pesquisa por nós realizada, a maior parte dos cursos ou espaços de formação propostos a ele, em todo o Brasil, é relacionada a temas e questões da docência e da prática dos professores, para que, posteriormente, seja repassada aos professores, na escola. Assim, não há formação específica para esse profissional, o que se coloca como mais um obstáculo ao seu melhor desempenho e à constituição da coordenação pedagógica como profissão específica.

3. Todos os CPs, assim como seus diretores e professores, em nossa pesquisa, atribuem ao CP a responsabilidade pela formação continuada dos professores. No entanto, dado que as Secretarias de Educação, em geral, assumem essa tarefa, em diversas regiões do país, nem sempre fica claro o que entendem por formação continuada, embora possamos deduzir que muitas ações de acompanhamento dos professores e muitos tipos de reuniões com eles realizadas — grupos de discussão, encontros de estudos, orientação quanto a problemas com alunos ou organização do conteúdo curricular — são entendidas como ações formativas ou potencialmente formativas. Também consideramos que estas ações podem ser consideradas potencialmente formativas, mas é necessário que sejam avaliadas em seu contexto, uma vez que seu potencial formativo precisa ser concretizado pela mediação do próprio CP. De qualquer modo, as dificuldades que o CP encontra para realizar a formação existem: falta de tempo para planejá-la, falta de local adequado, impossibilidade de presença dos professores, seja pelo fato de a formação acontecer fora do horário

de trabalho dos professores, seja pelo compromisso dos professores com outros trabalhos que realizem (outras escolas ou não).

Além disso, são as atividades administrativas e burocráticas, como: cuidar da entrada e saída de alunos, encaminhar os alunos para as salas de aula após o recreio, resolver casos em que crianças se machucam ou brigam, atender pais a qualquer hora que cheguem, acompanhar reformas e outros procedimentos de manutenção da escola, que impedem ou dificultam que ações consideradas parte da formação docente sejam realizadas. Essas atividades, reconhece o CP, não são de sua direta responsabilidade e não deveriam ser prioritárias em seu cotidiano, mas acabam por sê-lo, frente à ausência de pessoal responsável por elas, na instituição. Assim, frequentemente, o CP se aliena de suas atribuições, em decorrência desse excesso de atividades — e atividades fora de sua função — afastando-se das prioridades da escola em relação ao PPP e à formação de professores.

Esta pesquisa nos ressaltou um aspecto essencial em relação ao CP: Sua "constituição identitária se revela no movimento de tensão entre as atribuições legais, da escola e seus atores (direção, professores, pais e alunos) e as identificações a elas relacionadas que os CPs assumem. No entanto, esse movimento é acentuado pelas contradições presentes no sistema escolar, dado que as atribuições legais e teóricas postas se confrontam com aquelas provenientes da trajetória da profissão, das trajetórias pessoais e profissionais desses CPs, uma vez que todos os atores envolvidos na dinâmica das escolas são representantes de concepções e expectativas que carregam uma historicidade, que, necessariamente, também implica contradições" (PLACCO, ALMEIDA, SOUZA 2011, p. 281).

Para que essas contradições possam dissolver-se — ou ao menos ser minimizadas, faz-se necessária a implantação de políticas públicas relativas a "uma formação específica para o coordenador, na qual, ao lado de estudos teóricos que alicercem suas concepções educacionais e fundamentem suas práticas e as do professor, sejam discutidas e contempladas as especificidades de sua função, como: habilidades relacionais, estratégias de formação e de ensino, construção e gestão de grupo, domínio de fundamentos da educação e áreas correlatas, questões atuais da sociedade e da infância e adolescência (aprendizagem e desenvolvimento)" (PLACCO, ALMEIDA, SOUZA 2011, p. 281).

É nesse contexto que se pode formar um CP que se identifique com suas funções específicas, exercendo sua ação articuladora, formativa e transformadora, capaz de exercer, na escola, a mediação necessária à melhoria da qualidade do ensino e do nível de aprendizagem dos alunos.

## Referências

AZANHA, J. M. P. Documento preliminar para reorientação dos trabalhos da Secretaria. São Paulo, Secretaria Estadual de Educação, 1983.

DUBAR, C. Para uma teoria sociológica da identidade. *A socialização*. Porto, Porto Editora, 1997.

PLACCO, V. M. N. S., ALMEIDA, L. R., SOUZA, L. T. S. O coordenador pedagógico (CP) e a formação de professores: intenções, tensões e contradições. *Revista Estudos e Pesquisas Educacionais*, São Paulo, n. 2 (2011) 225-285. (ISSN 2177-533X)

# Memórias de incidentes críticos como impulso para iniciar processos formativos

Laurinda Ramalho de Almeida[1]
laurinda@pucsp.br

## Introduzindo a questão

> [...] a memória, que até agora se demora atrás das sombras incertas, toma impulso e deslancha [...]. Claro, aqui também ficam alguns espaços em branco que não posso preencher.
> Ítalo Calvino, *O caminho de San Giovanni* (2000, p. 74)

Ao rememorar fatos que nos foram significativos, alguns espaços não são preenchidos. Mas as lacunas se preenchem com nossa imaginação, e encadeamos os fatos em um episódio com sentido.

É isso que faz Ítalo Calvino no livro citado, que faz parte da série que chamou de "exercícios da memória", na qual trabalhava quando morreu, em 1985. Volta-se, principalmente, para sua infância e adolescência. Em *Lembrança de uma batalha* (CALVINO 2000, p. 65-75) confessa que lhe foi difícil contar na primeira pessoa e que, ao fazê-lo, chegaram as lembranças auditivas, visuais, olfativas e imaginárias. E se pergunta: "Por que aquela manhã e não outro momento? [...] Por que a rede furada da memória retém certas coisas e não outras?". Ao final do texto, conclui: "[...] estou me aproximando do ponto que tenho em mente desde o começo, e é quando Cardù morre [...]. Cardù, que muitos deles queriam imitar,

---

1. Professora Doutora do Programa de Estudos Pós-Graduados em Educação: Psicologia da Educação e vice-coordenadora do Programa do Mestrado Profissional em Educação: Formação de Formadores, ambos da PUC-SP.

se tivessem coragem para tanto, Cardù, com o segredo de sua força no sorriso descarado e tranquilo".

Sem o vigor da literatura de Calvino, proponho-me nesse texto discutir o papel da memória sobre incidentes significativos como força mobilizadora de processos formativos. Como entrada para essa discussão, retomo as perguntas e tento respondê-las, apelando para o conceito de afetividade (WALLON 2007, 1995).

Afetividade é a capacidade, ou condição, de nós humanos sermos afetados pelo mundo. É algo constitutivo da pessoa, por isso não pode ser ignorada. É um conceito amplo, que engloba emoções, identificadas por seu lado orgânico; sentimentos, identificados mais por seu lado representacional, isto é, expressa a emoção por meio de diferentes linguagens; paixão, na qual predomina o autocontrole sobre o comportamento, para não evidenciar emoções e sentimentos e alcançar um objetivo bem definido.

A afetividade estimula a atividade mental, bem como os movimentos do corpo.

Então, um episódio que afetou, que tocou significativamente o narrador no passado, mobilizou-o anos depois a rever os registros da memória nos movimentos, emoções e cognições daquele momento e refletir sobre eles.

Mas por que Cardù, o personagem principal de sua lembrança? O que o motivou a pensar e narrar sobre ele? Porque era, na sua juventude, naquela circunstância dramática de guerra, alguém que todos queriam imitar. A imitação, recurso fundamental para a aprendizagem, não se faz de qualquer um, mas de alguém que nos afeta por apresentar determinadas características, em determinadas circunstâncias. Cardù tinha coragem, que também o narrador gostaria de imitar, como os demais companheiros, coragem que se expressava no seu "sorriso descarado e tranquilo". O fio condutor da narrativa foi Cardù que, com audácia e coragem, dirigiu os companheiros para alcançar o objetivo que lhes fora determinado e que, nesse empenho, foi ao encontro da morte.

A narrativa de Calvino evidencia que, dialeticamente, a memória modula o pensamento e as intenções, mas a emoção modula a memória.

## 1. Recursos para acessar memórias: incidentes críticos, uma abordagem possível

Por incidente crítico aceitamos a conceituação de Peter Woods (1993):

> [...] momentos e episódios altamente significativos que têm enormes consequências para o desenvolvimento e mudanças pessoais. Não são planejados, antecipados ou controlados. São *flashes* que iluminam fortemente alguns pontos problemáticos. São essenciais na socialização de professores e do seu processo de desenvolvimento, dando-lhes maior segurança em sala de aula (WOODS 1993, p. 3).

Incidentes críticos são, pois, acontecimentos-chave que determinam decisões ou rumos nas trajetórias profissionais ou pessoais, momentos marcantes atribuídos pelo próprio sujeito aos acontecimentos por ele vivenciados. Portanto, os acontecimentos são considerados relevantes (incidentes críticos) somente quando os sujeitos os apontam como tal (ALMEIDA 2009).

Nossa experiência tem mostrado que, em qualquer processo formativo, o formando se abre ao novo e se dispõe a aprender quando é afetado, quando algo o toca; quando percebe que é respeitado, reconhecido como alguém que tem o que contar sobre si mesmo, que sua trajetória profissional tem valor, para si mesmo e para os outros.

Formadores e formandos necessitam de oportunidades para analisar o que ocorreu e ocorre com eles, pensar sobre suas concepções, convicções e seus sentimentos. Como aprendizes adultos, têm já desenvolvidas a capacidade de metacognição e a de autoempatia, mas essas podem ser aprimoradas.

Metacognição envolve tanto a "cognição sobre a cognição", isto é, pensar o próprio pensamento, como a regulação sobre os processos mentais, isto é, gerenciar o próprio pensamento, "ter consciência do que se conhece e domina, bem como daquilo que não se conhece nem se domina [...]. Efetivamente, aqueles que os detêm (os conhecimentos metacognitivos) parecem ser capazes de guiar, monitorar e controlar sua própria atividade, fazendo com que ela se dirija aos objetivos pretendidos" (DAVIS et al. 2004).

Autoempatia, termo empregado por Casassus (2009), refere-se a ter contato com as próprias emoções e sentimentos, ter acesso a si mesmo; autoempatia é importante para o fortalecimento profissional, e é pré-condição para a empatia, que é colocar-se no lugar do outro, sentir e pensar como se fosse o outro.

A memória de incidentes críticos da trajetória profissional é um recurso para potencializar a metacognição e a autoempatia. É, ainda, um recurso para estabelecer vínculos, quando é compartilhada com os companheiros de formação. Outra possibilidade fértil dos incidentes críticos é empregá-los como diagnóstico de necessidades formativas.

Sabemos que não existem fórmulas que valham para todos e para todos os contextos. Mas, com certeza, qualificar e fortalecer os participantes em um processo formativo aumenta as chances de sucesso. E oportunizar a troca de experiências significativas e refletir sobre elas é uma boa política para isso.

## 2. Em destaque, incidentes críticos

Os incidentes críticos que seguem foram generosamente concedidos em depoimentos escritos, alguns extensos, outros lacônicos, por onze profissionais da educação que atuam, ou já atuaram, como coordenadores pedagógicos (CPs) na rede pública de ensino. Todos os relatos foram elaborados individualmente e alguns discutidos em grupo. Em 2014, quando concederam os depoimentos, oito exercem a coordenação (dois afastados em órgãos regionais porque cursam mestrado) e três já a exerceram.

A comanda para a elaboração dos incidentes críticos foi:

**Busque na memória de sua trajetória profissional um episódio que não foi planejado por você, mas que foi muito significativo, porque trouxe mudanças em sua atuação profissional. Descreva-o com detalhes, procurando identificar os sentimentos que vivenciou (de tonalidades agradáveis ou desagradáveis), as aprendizagens e as repercussões do episódio para você e seu entorno.**

A leitura dos incidentes revelou: três referem-se à fase de CP iniciante; três a situações ocorridas no transcorrer da trajetória como CP; três à fase de professor iniciante; um refere-se à fase de diretor iniciante e um refere-se à trajetória de estudante. Daí, a primeira constatação: "a rede furada da memória" reteve, para a maioria, o vivido no início de sua função ou cargo.

Confesso que minha proposta inicial era dialogar com os coordenadores sobre a possibilidade de empregar incidentes críticos como recurso para tornar mais vivos e reflexivos processos formativos com seus professores. Acredito que vale a pena investir nisso. Entretanto, como afirma Guimarães Rosa, "o real não está na saída nem na chegada; ele se dispõe para a gente é no meio da travessia" (1985, p. 60). Ao ler os depoimentos, percebi que davam indícios claros de que poderia discutir a formação não só de professores, mas também de coordenadores. Os profissionais que relataram incidentes críticos de suas trajetórias ofereceram-me um diagnóstico primoroso sobre as necessidades formativas de ambos, e é sobre esse último aspecto que vou me deter.

### 2.1. Memórias da coordenação pedagógica

▸ *Como CPs iniciantes*

**Silvana**[2], que já atuou na docência em Educação Infantil e Ensino Fundamental, atualmente é CP na rede municipal de ensino; inicia seu depoimento refletindo sobre o incidente que vai relatar:

> A nova situação propiciava um misto de encantamento, insegurança e medo, sendo que as últimas sensações eram as que me rodeavam insistentemente. Estava sob olhar de professores como eu... E se outrora o reflexo emanado era de parceria e admiração, na posição de coordenadora pedagógica, o que se via era a imagem de uma adversária.

---

2. Os nomes dos CPs são fictícios.

Não sei exatamente como esta relação foi estabelecida. Um pré-julgamento de minha parte, em que acatei o olhar de terceiros sobre um grupo pedagógico descompromissado, resistente às mudanças e coeso em suas próprias determinações... Professores desestimulados e descrentes dos processos formativos... Um conflito contundente que culminou com acusações, gritaria, lágrimas, interpelações e outras tantas progressões emocionais que não pude e nem quis reter na memória.

Mas instigada pela solicitação, dispôs-se a relatar o incidente que a afetara tanto (confessou, ao ler seu relato para os colegas, que essa era a primeira vez que o fazia).

Naquele dia, os docentes, como de praxe, se reuniam na sala dos professores. Alguns no término do expediente e outros que ainda não haviam iniciado o dia letivo formavam o grupo de polivalentes e especialistas. Cadernos, diários, marmitas, aventais, bolsas, giz e apagador compunham o cenário. Mesmo com uma sala grande, o número significativo de professores que se encontravam num único horário para a formação, tornava-a pequena, sem lugar para todos se sentarem. Apesar do desconforto, assistiam a um vídeo qualquer na televisão de tubo 20. Lembro que a questão do espaço de interação me incomodava muito e buscava alternativas para que tivéssemos um ambiente mais acolhedor. A ideia era utilizar outros ambientes que não somente a sala dos professores.

Como a sala de informática era mais ampla, e porque poderia oferecer outras possibilidades de interação aos professores, Silvana convidou-os para fazer lá a reunião. Apenas quatro atenderam à solicitação. Os demais continuaram assistindo televisão. Iniciou os trabalhos com os quatro, mas, indignada, voltou à sala dos professores para chamar a atenção dos demais. Não foi atendida.

Senti minha autoridade ameaçada, desrespeitada, acuada. Ao mesmo tempo, a falta de experiência e firmeza me impediam de realizar qualquer intervenção. Definitivamente não desempenhava nenhum papel de liderança e só me restou a lei: atribuir ausência para todos os que não estavam realizando as atividades propostas.

> [...] Não acreditavam no que viam! Dedos em riste, olhos arregalados, gritos, cobrança da postura do diretor... Foi um dia que nunca esqueceremos.

Silvana termina seu relato, com uma nova reflexão:

> Talvez se eu fosse mais profissional, ou menos. Talvez se os professores tivessem mais interesse. Talvez se eu levasse em consideração o medo de alguns em lidar com o computador. Talvez se nada disso tivesse acontecido, nós não seríamos melhores hoje. Talvez se...
> Depois disso, o que era difícil, só piorou! Restou aguardar a remoção.

**Marco** atuava, em 2002, como professor de Química na rede estadual e resolveu candidatar-se a coordenador do período diurno da escola central de um município do interior. Recebeu conselhos de uma colega: "a escola é uma das mais tradicionais da cidade [...], os professores são antigos [...], não vai ser fácil".

Começou sua atuação como CP, e as observações da colega se confirmaram:

> Diante desse quadro, comecei a trabalhar investindo no relacionamento humano dos membros escolares. Apesar da pouca experiência como coordenador, agia pelo bom senso, conhecendo pais, alunos e professores, estimulava a participação da equipe, dando voz a esse grupo, ouvindo suas insatisfações, seus desejos e suas posições a respeito da educação, da escola e dos alunos. Através dessa atitude, pude perceber que muitos dos professores que trabalhavam nessa escola tinham muita vontade de realizar ações exequíveis e significativas a favor da aprendizagem dos alunos.

Seis meses se passaram e:

> Em um determinado HTPC (Horário de Trabalho Pedagógico Coletivo), fui surpreendido com uma ação muito interessante. Uma professora de História, de quem fui aluno aos 13 anos e mais alguns professores, disseram que há dias vinham refletindo sobre como trazer algo motivador para os alunos, e que, pensando no

HTPC que eu coordenei na semana anterior, trazendo um texto para estudo, reflexão e discussão com todos, sentiram a necessidade em sair da mesmice e pensando nessa situação trouxeram para discutir uma proposta de trabalho muito importante. Pediram a palavra para apresentar essa proposta. Eu, realmente, fui pego de surpresa, ou seja, uma proposta de projeto que envolvia a escola inteira [...] e a participação da comunidade escolar, era realmente algo inesperado que não foi planejado por mim.

O Projeto das Nações (nome dado pelos professores) envolvia todas as disciplinas, com atividades culturais e acadêmicas, e tinha como líderes as professoras de História, Artes e Língua Portuguesa. O grupo de professores aceitou a proposta e solicitou que as reuniões de HTPC ficassem reservadas para estudo, sistematização e avaliação das atividades que seriam realizadas. A surpresa o tocou fortemente, mas alguns problemas surgiram:

> Tudo parecia mágico, não acreditava que, naquela escola, regida por posturas extremamente tradicionais, estava acontecendo tudo aquilo, algo que nasceu da necessidade dos professores em promover situações que fossem significativas para os alunos. A direção da escola, ao saber da ação que estava por acontecer, me chamou "[...] não vou permitir esse tipo de bagunça na minha escola". Com muita cautela e bom senso, tive de convencer a diretora a dar um voto de confiança para o trabalho dos professores [...].

A diretora concordou advertindo que se algo desse errado, ele seria responsabilizado. Aceitou o risco, e o projeto aconteceu.

> Mesmo assumindo esta responsabilidade, sentia que tinha um compromisso com aquele grupo e não poderia deixá-lo sem apoio para realização do evento; sabia que poderia dar tudo errado, mas não tinha escolha, não podia desapontar os professores [...].
> O Projeto aconteceu durante uma semana, e foi maravilhoso: o crescimento daquele grupo de professores, o compromisso com o trabalho, o relacionamento interpessoal entre alunos e professores, era realmente muito gratificante [...]. Foi um sucesso!

**Marco**, após relatar o incidente que o afetou, reflete sobre o que apreenderam, ele e a diretora:

> Os professores mostraram que, quando se tem, na escola, um espaço para o diálogo, discussão das melhores práticas, ações propostas por todos os envolvidos, é possível transpor os muros da escola com o conhecimento. Essa troca de saberes é o que mantém a escola viva [...]. A diretora da escola reconheceu que ela também precisava repensar suas atitudes e me agradeceu por fazer enxergar uma prática que ela desacreditava, justificou-se que há muito tempo estava acostumada a fazer as coisas como sempre fez... e que não dava crédito à literatura da área educacional [...].

**Fabiana**, coordenadora pedagógica de um município do interior, que já exerceu a docência e a direção, relata seu incidente crítico no início da nova função:

> Quando iniciei como Professora Coordenadora na Rede Municipal de Ensino em um momento do HTPC, levei um texto para estudo com o grupo e por descuido deixei de anotar a fonte do texto. Fui questionada por um docente que me deixou muito chateada. Depois deste episódio, nunca mais esqueci de fazer anotações de fontes e também, como aprendizagem, inicio sempre falando de onde retirei o texto, e da vida e obra dos autores.

▶ *Memórias de CPs com alguns anos de coordenação*

**Elza**, CP da rede municipal, já exerceu a docência na Educação Infantil e Ensino Fundamental; começa situando o contexto do episódio:

> Como Coordenadora Pedagógica, no ano de 2012, recebi uma "visita surpresa" na escola, de responsáveis pelo acompanhamento pedagógico da Diretoria de Educação. Ficariam para assistir minha reunião de formação de professores. Naquele dia, o tema era Educação Especial, e havia separado um texto de uma revista

pedagógica sobre o assunto. Tirei cópia do texto para todos e encaminhei a reunião fazendo a leitura coletiva e discussão de cada item do texto, contribuindo com exemplos para meus professores [...]. Após uma semana, eu, a outra Coordenadora Pedagógica e o Diretor fomos chamados na Diretoria Regional de Educação. A reunião foi para nos chamar a atenção para o planejamento da formação de professores: que não era adequado; passar os dias lendo e discutindo textos, mesmo que com temas interessantes, pouco contribuía para a prática do professor [...].

Rememora os sentimentos vivenciados na ocasião:

Os sentimentos meus e da outra CP foram diferentes no sentido de que ela, em final de carreira, sentiu-se chamada de incompetente, como se tudo o que realizou até aquele momento não valesse nada. Poucas semanas depois, ela se afastou por depressão e se manteve assim até a sua aposentadoria, um ano depois. Falando dos meus sentimentos, eu tive, sim, uma sensação de fracasso pelo erro, e a certeza de que eu não poderia mais repeti-lo. Me senti desafiada a planejar melhor e diferente meus encontros de formação com os professores — e nesse sentido, entrou a "participação do diretor", pois cobrei dele que eu não mais me dedicasse às questões disciplinares e punitivas da escola, para efetivar meu papel pedagógico. Penso que sua presença na reunião foi para que ele compreendesse e favorecesse a ação das CPs. Me senti desafiada a melhorar a minha prática e busquei formas para me fortalecer. No semestre seguinte, me inscrevi em um curso para CPs, da COGEAE — PUC, onde repensei ainda mais meu papel, me fortaleci. Ao mesmo tempo em que tudo isso ocorria, me dediquei a encontrar tempo para planejamento das pautas de formação de professores [...]. Foi um processo longo, em que "escorreguei" algumas vezes, por falta de tempo para planejar melhor ou por utilizar estratégias que deram errado em outros momentos. Mas ficava fortalecida e feliz, pois percebi que, na grande maioria das vezes, eu alcançava meu objetivo, as discussões com os professores se tornaram muito melhores e estes passaram a elogiar alguns encontros de formação.

Elza destaca, então, o que foi para ela um incidente crítico:

> Para mim, o episódio marcante desta história foi a reunião na Diretoria de Ensino, a "chamada de atenção". Foi ela que me fez querer ser melhor, querer crescer. A partir dela, busquei alternativas e as testei na escola. Um ano depois, me inscrevi no mestrado profissional da PUC, justamente para melhorar minha atuação como formadora. E, o mais gostoso foi que, com poucos meses de Mestrado, alguns professores também vieram comentar comigo como as "minhas formações" estavam melhores, com discussões que eles consideravam ótimas e observei algumas práticas serem refletidas nas aulas. Passei a desenvolver algumas certezas: sem formação e acompanhamento, o CP pode errar e nunca melhorar. O mesmo ocorre com o professor: de nada adiantam formações se não houver o acompanhamento para "acertar o rumo" quando necessário. Outra certeza para mim, hoje, é que uma boa formação depende de boas estratégias formativas (óbvio, depois do domínio do formador sobre o assunto), e foi nisso que decidi me aprofundar.

**Cristina**, que já foi professora de Matemática, CP e assistente técnica na área de Matemática, relata seu incidente crítico.

> Quando estive na função de coordenadora pedagógica, eu era responsável pela formação de 120 professores. A escola, com aproximadamente 3.000 alunos, era considerada uma das maiores da minha região. Em certa ocasião fui convidada a realizar a formação de 60 docentes de Matemática de diferentes escolas.

Nessa formação, Cristina propôs, entre outras, uma atividade que implicava competição entre grupos. Os 60 professores deveriam se dividir em grupos de 20, e esses 20, em grupos de 10. Dessa forma, a competição se daria 10 contra 10. A atividade consistia em montar a resposta a uma multiplicação, que seria ditada pela formadora. Todos os professores receberam um conjunto de algarismos de 0 a 9. A equipe que montasse a resposta mais rápida e de forma correta, e chegasse até o ponto determinado para justificar a solução, ganharia a pontuação determinada.

Na minha cabeça de matemática estava tudo certo, expliquei a atividade e pronto, convicta que tudo daria certo. Só que, olhando para a sala, vi dois professores deficientes físicos: um sem uma perna (andava de muletas) e outra professora cheia de aparelhos (herança da paralisia infantil). Fiquei atormentada com isso... como iria realizar essa atividade com esses dois professores?

Rapidamente encontrou uma solução: dizer que, nessa atividade, como se tratava de um jogo, precisaria de dois juízes. Com certeza os dois perceberiam que estava pensando neles. Confiante, afirmou isso na presença dos 60 professores, e ninguém se manifestou.

[...] olhei bem para a cara dos dois professores e... nada. Meu Deus! Será que eles não estavam entendendo? Olhei novamente para eles e pelo olhar que recebi de volta fiz a seguinte leitura: "você pensa que somos o quê? Que não conseguimos fazer nada?". Me senti ridícula! Uma sensação horrível, queria me enfiar em um buraco como um avestruz! Bom, neste intervalo de segundos que pareciam horas, duas professoras levantaram a mão e quiseram ser juízas. Organizei as equipes e para minha, mais uma, surpresa, os dois docentes com problemas físicos ficaram na mesma equipe. Pensei... o que será que isso vai dar? Comecei a ditar as multiplicações, uma por uma. A cada multiplicação, a equipe pensava, saía correndo até a marca no chão e montava a resposta. Fiquei surpresa de novo ao ver que, apesar das dificuldades dos dois professores, a equipe deles foi considerada a vencedora no jogo.

Cristina registra as aprendizagens e os sentimentos que esse incidente lhe trouxe.

Percebi a alegria do grupo que se preocupava em auxiliar não somente esses dois docentes, mas sim garantir uma ajuda mútua. No final, "bateu" um arrependimento por ter visto os professores com deficiência como incapazes, de pensar que as pessoas não auxiliam umas às outras. Foi assim... que essa "formação de professores", na verdade, foi uma formação voltada mais para a coordenadora pedagógica (no caso... eu). Depois desse episódio, fiquei consciente da importância de não julgar as pessoas e de esperar que elas mesmas se manifestem sobre seus limites.

**Regina**, CP da rede estadual de Educação, já atuou como professora de Educação Infantil e Educação Especial e informa:

> Exerço a função de coordenadora pedagógica na escola onde estou atualmente desde 2006. Quando entrei nesta escola, ela era um verdadeiro caos em todos os sentidos. Paredes pichadas, vidros quebrados, alunos rebeldes, professores desmotivados etc. Com o passar do tempo consegui estabelecer vínculos com alunos, professores e com a própria unidade escolar (um sentimento de pertencimento verdadeiro). Com isso, a escola foi melhorando gradativamente e hoje temos outra realidade.

Relata que, em 2012, recebeu um convite para assumir a vice-direção em outra escola, e chegou à conclusão de que esse seria um novo desafio profissional que deveria aceitar.

> Na segunda-feira, logo que cheguei à escola, conversei com o diretor e entreguei minha carta de cessação. Ele ficou surpreso, mas não emitiu nenhum parecer. Fui até minha sala e comecei a arrumar minhas coisas; conforme as pessoas entravam na sala perguntavam o que estava acontecendo e eu explicava. As palavras sempre eram de incentivo. Eu super decidida comecei a levar as coisas para o carro e nenhum comentário contrário aquilo que já tinha decido me abalava. [...] Avisei o diretor que, no dia seguinte, voltaria para assinar a cessação, pegar o restante das coisas e me despedir das pessoas.

Conforme o combinado, no dia seguinte voltou à escola. Estranhou encontrar os alunos no pátio e imaginou que alguns professores teriam faltado. Vê aí seu incidente crítico:

> Quando cheguei na sala dos professores, estavam todos lá dentro, uns chorando, outros consolando, outros aproveitando a situação para discursar e os alunos circulando livremente na escola, porque a inspetora também estava na sala dos professores. Ela veio até mim e disse que não acreditavam que eu estava fazendo aquilo

com eles, que não esperavam isso de mim, que fulano tinha ido pesquisar sobre a escola que eu ia e a escola era isso, era aquilo... as piores coisas. [...] E eu? Comecei a chorar junto. Aí, quem entra na sala? O diretor, e disse que era melhor eu pensar mais um pouco, se era realmente o que eu queria. Neste momento nem eu sabia mais o que eu queria.

A situação, inesperada e não planejada por ela, levou-a a não se afastar da escola, embora com um sentimento ambivalente.

Resolvi ficar na escola [...]. O meu relacionamento com a equipe, que já era bom, ficou melhor ainda, parece que este episódio deu um novo "up" no grupo. Todas as atividades propostas eram bem aceitas e executadas pelo grupo. Ficou um clima harmonioso e tranquilo. Quanto a mim, fiquei feliz por saber que o meu trabalho fez e faz a diferença dentro daquela escola, mas deveria ter me dado a oportunidade de pelo menos ter tentado vencer outro desafio.

## 2.2. Memórias da docência, como professores iniciantes

**Cláudia**, coordenadora na rede estadual, já atuou como professora do Ensino Fundamental e relata o incidente que a afetou:

O ano é de 1991, depois de um longo período de espera em um processo de atribuição de aulas, que me rendeu enorme cansaço, expectativa e muita ansiedade; finalmente tenho uma escola atribuída. A escola era precária, espaços mal acabados, pessoas mal-humoradas e de pouca conversa. Alguns meses cumprindo um contrato como estagiária, fui informada que assumiria uma sala de aula, cuja professora tinha tirado licença por tempo indeterminado. Fiquei muito feliz, pois estava diante de mim a possibilidade de tornar-me então professora da rede estadual, ter uma sala minha e alunos meus. Fui encaminhada para a sala. Era uma turma considerada a "escória" da escola. Alunos repetentes, fora da idade/série, marginalizados, rotulados por uma história de fracasso escolar, desacreditados da família, da escola e da sociedade. Tinha terminado o Magistério havia exatamente dois anos, estava iniciando a profissão, diante de uma realidade cruel e solitária. Tinha diante de mim alunos que em nada lembravam o aluno ideal, almejado durante o curso de Magistério.

Cláudia fala da sua impotência:

> Estava diante da minha falta de experiência, sentia-me sozinha, não conseguia estabelecer o diálogo na sala de aula, envolver os alunos em atividades; meninos e meninas, que tinham o meu tamanho resolviam seus problemas muitas vezes na base da violência. Havia também os mais novos [...]. Esses conversavam comigo e diziam que queriam aprender coisas que os outros alunos aprendiam, sentiam-se acuados e intimidados pelos mais velhos. Se, por um lado, sentia-me feliz por ter uma sala de aula, por outro, havia a dúvida e a incerteza sobre o que fazer diante de tal cenário. Foi durante esse período que percebi quanto o magistério é uma profissão solitária. Lembrava-me de Dona Áurea, professora com quem fiz estágio. Junto a essa lembrança, vinha também sua sala de aula, onde os alunos eram divididos por fileiras, classificados em fortes, médios e fracos, em sua maioria. Afastava essa ideia da cabeça e logo pensava: Vou fazer diferente!

E fez diferente, à sua moda.

> Não sei se fiz da forma correta. Não havia um planejamento feito pela escola. Então, fechava minha porta e lá procurava estabelecer uma relação harmoniosa, em que muitas vezes agi intuitivamente, outras intencionalmente. Adotei aqueles meninos como se fossem meus, estabeleci combinados, fiz acordos, puni e sofri várias punições. Assim, sobrevivi àquele ano de trabalho.

Termina seu incidente, expressando o que ele significou:

> Essa experiência, logo no início da profissão, não me fez pensar em desistir de ser professora. A partir dela, lancei mão em busca da minha própria formação, pois para mim o problema dos alunos não aprenderem estava na forma como nós professores ensinamos e principalmente no tipo de relação que estabelecemos com eles

e com alguns conteúdos que precisávamos ensinar [...]. Acolher aquele 5° ano me fez ter certeza que a prática do professor precisa ser constantemente repensada, compartilhada e apoiada. Que aprender está para todos e que ensinar precisa considerar cada indivíduo e sua especificidade. Trago até hoje em minha memória as lembranças desta primeira experiência [...].

**Marta**, que já foi professora do Ensino Fundamental, atualmente é coordenadora em um município do interior e relata seu incidente crítico:

> Comecei a dar aulas quando se iniciavam as discussões sobre o construtivismo, entre acertos e erros. Trabalhei alguns anos buscando aplicar o novo método, sem muita segurança no que estava fazendo. Certo curso "Letra e Vida" apareceu em minha vida. Falava de hipóteses, de saberes e fui testar. Fiz o curso. Aprendi! Não tudo, mas uma grande parte [...].

**Liliane** já atuou como docente em anos iniciais do Ensino Fundamental, como coordenadora e formadora de coordenadores na rede estadual de ensino.

> Acredito que um dos episódios marcantes da minha trajetória profissional tenha sido um questionamento sobre o material didático que usávamos na escola em que eu atuava, como professora da 1ª série (hoje 2° ano). A escola usava um material apostilado, de alto custo para os pais, com o qual eu não tinha nenhuma afinidade; sentia que aquele material subestimava a sabedoria dos pequenos [...]. Ao final do ano letivo, procurei a diretora da escola e disse que não permaneceria na escola no próximo ano e expliquei que não tinha nenhuma afinidade com aquele material didático. Tinha outras expectativas em relação aos meus alunos e sabia que eles podiam muito mais. [...] Ela questionou-me sobre que tipo de material eu acharia adequado para a turma. Respondi que não sabia, mas pensava em algo que fosse ao mesmo tempo desafiador para mim como professora e para os alunos; algo que exigisse participação e envolvimento a partir de conteúdos desafiadores [...].

Vem, então, o relato do que considerou um incidente crítico:

> Para minha surpresa, a diretora deu-me "carta-branca" para pesquisar e sugerir um novo material de acordo com os demais professores do Ensino Fundamental. A única exigência foi em relação ao sistema apostilado. Não esperava por isso! Rapidamente reuni minhas colegas e começamos a analisar diversos materiais. Tornei-me uma espécie de líder! As professoras passaram a admirar-me pela iniciativa (mas eu não havia planejado aquilo!). Formamos um grupo "forte" de professores e o nosso trabalho a partir dali foi muito produtivo, trabalhávamos com vontade! É verdade que também despertei sentimentos ruins em alguns professores (como ciúmes e inveja), mas eles não eram a maioria. Por solicitação do grupo, tornei-me coordenadora pedagógica e foi possível aprender muito na dinâmica com a equipe...

Liliane reflete sobre o que aprendeu com essa experiência, que muito a fortaleceu como profissional.

> Nunca me esqueço do valor que teve o trabalho em equipe, do quanto produzíamos sem que fôssemos obrigados ou cobrados por isso, apenas pelo compromisso e o prazer com o trabalho. Também não posso esquecer do sofrimento e da pressão sofrida com os pais que não aceitaram o material. Foi mesmo um período difícil. Mas valeu a pena! Todo esse processo fortaleceu-me como profissional. Permaneci nessa escola até que fui aprovada em concurso público. Sinto saudades daquele grupo de professores até hoje!...

### 2.3. Memórias da direção, como diretor iniciante

**Miguel**, em 1971, deixando a experiência pioneira de Orientação Pedagógica no Ginásio Vocacional, assumiu o cargo de diretor de um Instituto de Educação, uma enorme escola estadual, com mais de 100 professores e cerca de 2.200 alunos. A equipe era composta por ele, diretor, um assistente de direção e uma orientadora educacional, recém-concursada (fora aprovada no 1º concurso para orientadores educacionais para a rede de ensino estadual). Eis seu relato:

> [...] detectamos, agora incluo a Orientadora Educacional, e ficamos surpresos com a organização das classes, pelos períodos de funcionamento: de manhã, somente classes masculinas do ginasial e colegial. No período da tarde, as classes femininas, exceto uma ou duas do curso normal, abrigava alguns jovens, pois, historicamente, o número de rapazes que optavam pelo curso normal ia decaindo ano a ano. No período noturno, tínhamos classes masculinas e femininas, separadamente. Então, para o início do ano seguinte ao de nossa chegada, reorganizamos todas as classes em mistas. Um enorme trabalho burocrático e educacional.

Miguel relata o trabalho sério e persuasivo que realizaram, ele e a orientadora educacional, na Semana de Planejamento, envolvendo professores e pais para justificar a nova organização da escola.

> Pois bem, a nossa grande surpresa: no primeiro dia de aula, quando eu e a orientadora educacional fomos nos apresentar às classes, o que constatamos: na primeira sala em que entramos, os meninos ocupavam as fileiras de carteiras do fundo e as meninas as da frente. Na segunda classe, constatamos a mesma divisão da sala. Achamos, que, por ser o primeiro dia e como não estavam acostumados com as classes mistas assim se dividiram. Mas, como ia se repetindo, na quarta, na quinta sala, resolvemos dialogar com eles o porquê daquela separação. Os alunos responderam que, embora tivessem entrado e sentado misturados, na sequência os inspetores de alunos vieram e separaram em fileiras.

Miguel percebeu, então, a falha em que ele e a orientadora incorreram:

> Na semana de planejamento, quando da elaboração do Plano global da escola, hoje Projeto Pedagógico, os inspetores de alunos, na sua maioria, encontravam-se em férias e não participaram das reuniões. E, esquecemos de orientá-los a respeito das mudanças e da nova organização das classes. Habituados que estavam, alguns até intrigados com a nova situação, meninos e meninas juntos, decidiram cuidar da disposição, separando-os por fileiras.

A aprendizagem que ficou do incidente marcante:

> Tal episódio nos alertou e nos acompanhou por toda a nossa trajetória, por mais de trinta anos de magistério: a elaboração e execução do Projeto Político Pedagógico da Escola, tem de envolver o coletivo, ou seja, todos os atores que atuam na unidade escolar.

### 2.4. Memória de estudante

**Carlos**, professor de Educação Física e CP da rede estadual de ensino, relata o que considerou um incidente crítico:

Carlos contou à mãe a discussão que tivera no curso de pós-graduação que fazia (a propósito do *Documento n. 1 para a reorganização das atividades da Secretaria da Educação*, escrito em 1986, pelo chefe de gabinete da Secretaria Estadual de Educação, professor José Mario Pires Azanha). Contou que foi discutido quanto a escola era seletiva antes da abolição do exame de admissão ao ginásio, que foi um marco para a democratização do ensino. Como, por um lado, a ausência de prédios para abrigar todos os alunos que vinham do antigo curso primário e de outro, o pressuposto da elite dirigente de que uma escola de qualidade não era para todos, levou um grande contingente de recém-formados na escola primária a ficar fora da escola.

> A reação de minha mãe foi: "Ah, então a culpa não foi minha por não entrar no Ginásio. Essa culpa, eu carrego até hoje [...]". Durante 56 anos, minha mãe sentiu-se diminuída por não haver continuado os estudos, achando que a culpa era dela. E uma simples informação minha, num diálogo sem compromisso, mudou a representação que tinha de si mesma.

## 3. Dialogando com incidentes críticos

Como a memória é modulada pela emoção, era de se esperar que os incidentes críticos viessem carregados de sentimentos, quer de tonalidades agradáveis, quer desagradáveis. Foram expressos, por vezes, em um movimento dialético: encantamento, medo, insegurança e desencanto; impotência, frustração e determinação; insegurança e confiança; insatisfação, ousadia e satisfação; sensação de fracasso, enfrentamento e alegria. Era de se esperar, também, que a forma de reagir aos incidentes fosse diferente para os diversos CPs, pois cada um tem seu jeito de sentir e pensar a profissão em diferentes momentos; sua atuação traz as marcas da trajetória pessoal e profissional, das memórias dos vários meios pelos quais passou, das expectativas suas e dos outros.

Nossos CPs, ao relatarem os incidentes que vivenciaram na coordenação, evocam o papel dos outros com os quais se relacionam nos diferentes meios e das relações interpessoais. Um ponto recorrente em todos os relatos é o da importância dessas relações, seja para fortalecer, seja para barrar ações formativas; embutido nessa questão, está o papel das emoções.

Silvana, mesmo com o encantamento provocado pela nova situação como CP, deixa que o medo e a insegurança predominem e, dominada pela emoção, mesmo imbuída de boa intenção de realizar uma atividade formativa, toma uma medida que provoca raiva, insatisfação, desconforto nos professores e nela própria. Afirma Wallon (1995) que a emoção obscurece a razão, e foi o que aconteceu com Silvana. Apelou para a lei, sem se dar conta das consequências que viriam — as relações interpessoais ficaram desgastadas, a ponto de levá-la a se remover da escola. Mas deixa claro quanto é difícil um único horário de formação para professores dos primeiros anos do Ensino Fundamental e professores especialistas. Marco percebeu que investir nas relações interpessoais, estabelecendo vínculos com professores, alunos, família, ouvindo suas insatisfações e desejos, era um primeiro passo para se fortalecer como CP e partir para intervenções pedagógicas, com o apoio do grupo. Fabiana mudou sua estratégia para apresentar os textos formativos aos professores, a partir do desaponto com a observação de um deles. Elza faz do sentimento de fracasso, diante da chamada de atenção da equipe formadora, um suporte para conseguir do diretor mais espaço para atuação no pedagógico e um trampolim para aprimorar sua formação. Mas lembra que, com sua colega CP, foi diferente: ficou deprimida pois sentiu-se questionada em sua competência, e se afastou da escola. Cristina, ao sentir-se "péssima" por perceber que havia sido preconceituosa, nas relações com os professores, voltou-se para si e viu no momento de formação para os professores uma situação de autoformação que a fortaleceu como profissional. Regina investiu no estabelecimento de vínculos com todos os elementos da escola para melhorá-la, e isso lhe proporcionou um sentimento agradável de pertença à escola; no entanto, isso não a impediu de tentar outros desafios; o reconhecimento dos colegas e do diretor por seu trabalho expandiu seu sentimento de pertença e fez com que desistisse de se afastar da escola.

O que perpassa, portanto, nos diferentes incidentes críticos relatados na trajetória na coordenação é o papel das relações interpessoais, sem desmerecer outras demandas de formação. Insegurança, medo, fracasso não foram decorrentes de característica pessoal, mas foram decorrentes da indisposição do sistema educacional para investir na formação para a coordenação, bem como possibilitar momentos adequados para ações formativas. Ainda assim, houve quem procurasse, por sua conta, formação para aprimorar sua atuação.

Minha experiência como formadora tem evidenciado que o investimento nas relações interpessoais favorece o acesso ao conhecimento, tanto de professores como de alunos; que as habilidades de relacionamento interpessoal podem ser desenvolvidas; que professores e alunos desejam ser ouvidos, compreendidos, valorizados. Vale lembrar que CPs, professores e alunos vivem grande parte de seu tempo nas escolas, e as relações vivenciadas aí passam a fazer parte de sua constituição.

Quanto às CPs que relataram incidentes críticos sobre a docência, cabe uma indagação: por que não relataram incidentes sobre sua atuação na coordenação? Uma resposta possível é que, no processo de constituição identitária do CP, entram características da docência, pois essas sustentam sua atuação na coordenação, principalmente quando se tem pouco tempo na função. Mas, inegavelmente, o início da docência é um período de muito investimento afetivo.

Cláudia descreve seu cansaço, expectativa e ansiedade porque, mesmo sendo concursada, teve de esperar pela atribuição em uma escola sua. Quando isso acontece, seu entusiasmo por sua própria sala e alunos seus é minado por sua impotência diante da classe que lhe foi atribuída, com alunos com defasagem idade-série, desacreditados pela família, pela escola e pela sociedade. Além de ter de lutar pela adequação ao real, diferente do aluno ideal apresentado no curso de formação, não contou com nenhum apoio na escola. De novo, entra o papel das relações interpessoais: se não encontrou nos colegas relações que promovessem seu crescimento, investiu nas relações com os alunos, e conseguiu melhor desempenho deles, o que é corroborado por pesquisas:

> Foi assim que surgiu diante de nós a informação surpreendente: o que permitia a melhor aprendizagem das crianças se encontrava no plano emocional. Encontrava-se no plano relacional, no tipo de relações, no tipo de interações entre pessoas. Essa descoberta permitiu consolidar a noção de que uma escola é fundamentalmente uma comunidade de relações e de interações orientadas para a aprendizagem, onde a aprendizagem depende principalmente do tipo de relações que se estabelecem na escola e na classe (CASAS-SUS 2009, p. 204).

Há hoje um investimento maior do sistema educacional com o professor iniciante, se comparado com o início de Cláudia, em 1992. Ainda assim, muito há que ser feito. O entusiasmo típico de todo começo não dá conta de enfrentar as dificuldades que surgem, se não houver ações da escola para apoiar o professor iniciante e essas são, principalmente, responsabilidade do CP. Cabe lembrar que o professor é iniciante em cada segmento de ingresso, mesmo que tenha já atuado em outros, porque cada segmento de ensino apresenta demandas diferentes. Professores iniciantes necessitam que lhes seja apresentada não só a escola em sua estrutura física e organizacional, mas principalmente a cultura escolar, que se refere às pessoas inseridas no contexto, com suas crenças, seus valores e comportamentos.

Marta também enfoca a necessidade da formação; da insegurança inicial para trabalhar com uma nova metodologia de alfabetização, adquiriu confiança ao fazer um curso.

Liliane relata, com entusiasmo, como, não satisfeita com o material didático empregado na escola, porque não atendia suas expectativas e as potencialidades dos alunos, ousou questionar a direção e recebeu "carta branca" para sugerir um novo material. Novamente, as relações interpessoais entram em cena: reuniu os colegas, formou um coletivo e, juntos, elaboraram um novo material: *"Nunca me esqueço do valor que teve o trabalho em equipe, do quanto produzíamos sem que fôssemos obrigados ou cobrados por isso, apenas pelo prazer com o trabalho"*.

O relato do incidente crítico de Miguel como diretor iniciante, ao revelar sua falha por não ter envolvido todos os atores da escola no planejamento anual da escola, e as consequências que isso acarretou, ressalta, também, a necessidade de alguns alertas para o gestor; evidencia que este, como os demais profissionais que atuam na escola, passa por fases de desenvolvimento na carreira, algumas mais complexas que outras.

Conservamos o incidente crítico relatado por Carlos, embora não se referisse à sua trajetória profissional, conforme a comanda pedia, por dois motivos: porque provocou um sentimento forte no grupo quando foi compartilhado e porque destaca o valor que o narrador dá ao conhecimento e ao diálogo. Valor que revela ao contar à mãe o que aprendeu no curso; valor que eleva a autoestima da mãe pelo novo conhecimento. Não foi "um diálogo sem compromisso" — diálogo é sempre um compromisso com o outro.

Os episódios que foram lembrados e relatados revelam que os incidentes críticos podem se referir a situações complexas ou rotineiras, que podem nos parecer pouco relevantes. Mas não o foram para os CPs; os incidentes agradaram ou desagradaram, tornando-os felizes ou infelizes e, ao refletir sobre eles, outra forma de se relacionar com as situações do cotidiano que enfrentam pode emergir; ao reavaliar as escolhas que fizeram ao viver o incidente, passam a se conhecer melhor e elaborar projeções para seu desenvolvimento profissional.

Ao dialogar com os incidentes críticos relatados, lembro que minha interpretação foi um processo de pegar indicadores da questão que me afeta — os processos formativos. Minha interpretação permitiu identificar dois principais fios condutores nos relatos: o papel da afetividade e das relações interpessoais, esta última intimamente relacionada com a primeira. Em função desses indicadores, o que caberia aos CPs? Dar aos professores elementos para compreender que a competência pedagógica requer conhecimentos e habilidades específicas, entre as quais a das relações interpessoais, imbricadas nas teias cognitivo-afetivas. Embora reconhecendo com eles que nenhuma teoria consegue abarcar toda a realidade, mostrar que ela é importante para interpretar incidentes que nos marcaram e que, ao juntar teoria e prática, avançamos no conhecimento e na atuação.

Um lembrete importante: trabalhar com incidentes críticos é uma forma de afetar os professores e voltar sua atenção para pontos que se colocam necessários para um melhor ensino. É uma forma de começar de fatos que dizem respeito a cada um (por isso são significativos), mas a eles adicionar teorias, pesquisas, reflexões para acrescentar "músculos" para que possam caminhar além do que relataram. Os incidentes críticos devem se encarados como ponto de partida, e não de chegada.

Outra forma de utilizar incidentes críticos para diagnosticar necessidades formativas é a proposta por Del Mastro e Monereo (2014), para os quais:

> Os incidentes críticos são episódios nos quais se apresenta uma situação inesperada com uma falta de controle emocional. Denominam-se incidentes críticos quando o impacto emocional é de tal intensidade que faz com que o docente sinta-se bloqueado ou reaja de forma extemporânea ou inadequada (p. 6).

Partindo desse conceito, os autores procuraram identificar, junto a professores universitários, os incidentes que se apresentavam mais frequentes e que mais os tocavam, bem como as respostas mais habituais diante deles. Identificaram, a partir daí, as possíveis necessidades formativas.

Inspirados nesses autores, os CPs poderiam registrar de modo sistemático ou assistemático, episódios comentados pelos professores nas reuniões formais ou informais, nas orientações individuais ou coletivas, bem como em observações de sala de aula, e, a partir daí, elaborar um rol de incidentes críticos e apresentá-los a todos os professores.

Poderia ser em forma de quadro, com as seguintes colunas: Tema (ex.: elaboração de trabalhos); Situação (ex.: plágio); Resposta à situação (ex.: raiva, exposição pública do fato e do autor). Com base nesses dados, planejar atendimentos individuais ou coletivos para problematizar as questões.

É difícil para o CP arrumar tempo e espaço para fazer isso?

Certamente que sim. Mas pode ser um jeito novo de mostrar ao professor que ele é aceito com seus sentimentos de agrado ou desagrado, com seus momentos de perplexidade e bloqueio; mostrar que é seu parceiro para encontrar soluções para enfrentar as situações que o incomodam; enfim, mostrar um cuidado para com ele.

## 4. Finalizando

Alguns cuidados são necessários para que, ao revisitar sua trajetória profissional e identificar incidentes críticos nessa trajetória, tanto o professor como o CP sejam impulsionados a problematizar sua própria experiência, rever e questionar sua atuação. Apresentamos alguns para reflexão, que se articulam entre si.

- É importante que se estabeleça, nos processos formativos, um clima emocional em que todos fiquem à vontade para socializar, com seus pares, as marcas de seus sucessos e insucessos, das escolhas e das rupturas no seu percurso profissional;
- Para o estabelecimento de relações que resultem em aprendizagens (e é isso que se deseja nos processos formativos) uma atitude é condição *sine qua non*: a empatia. É a atitude que permite que se entre no mundo dos sentimentos e das concepções do outro sem julgamentos, com suficiente delicadeza para não constrangê-lo e nem desmerecer significados que lhe são caros; é fundamental que não se veja o outro como antagonista, mesmo que suas ideias não sejam inteiramente compartilhadas;

- A linguagem do sentir é mais difícil de ser compreendida, mas é a mais eficaz para estabelecer vínculos e promover o desenvolvimento; quando conseguimos "embarcar" nos sentimentos do formando sobre os incidentes que lhe foram significativos, abrimos as portas para aceitá-lo como ele é, com todas as contradições inerentes ao ser humano;
- A preocupação com o burilamento das habilidades de relacionamento interpessoal e com a capacidade de avaliar criticamente nossas experiências profissionais é um requisito fundamental para uma atuação promotora de aprendizagem, lado a lado com o aperfeiçoamento de nossa área de conhecimento;
- Um olhar atento e uma escuta sensível direcionados para a compreensão do outro como uma pessoa resultante da junção de seus conjuntos funcionais: afetividade, movimento e cognição são importantes para desencadear ações formativas adequadas. A afetividade, por fazer parte de nossa constituição, não pode ficar esquecida quando se planeja e executa um processo formativo.

Esses cuidados, entrelaçados, têm como fundamento o alerta de Wallon (2007): é contrário à natureza tratar o humano fragmentariamente.

## Referências

ALMEIDA, Laurinda R. O incidente crítico na formação e pesquisa em educação. *Educação e Linguagem*, v. 12, n. 19 (jan.-jun. 2009) 181-200.

CALVINO, Ítalo. *O caminho de San Giovanni*. São Paulo, Companhia das Letras, 2000.

CASASSUS, Juan. *Fundamentos da educação emocional*. Brasília, Unesco/Liber Livro Editora, 2009.

DAVIS, Claudia, NUNES, Marina, SILVA, Patrícia. Consciência e metacognição em Piaget. *Psicologia da Educação*. São Paulo, n. 18 (1° sem. 2004) 33-54.

DEL MASTRO, Cristina, MONEREO, Carles. Incidentes críticos en los profesores de la PUCP. *Revista Iberoamericana de Educación Superior (RIEIS)*, México, v. 5, n. 13 (2014) 3-20.

GUIMARÃES ROSA, João. *Grande Sertão: veredas*. Rio de Janeiro, Nova Fronteira, 1985.

WALLON, Henri. *As origens do caráter na criança*. São Paulo, Nova Alexandria, 1934 (1995).

\_\_\_\_\_. *A evolução psicológica da criança*. São Paulo, Martins Fontes, 2007. (Trabalho original publicado em 1941.)

\_\_\_\_\_. O papel do Outro na consciência do Eu. In: WEREBE, M. José G., NADEL-BRUFERT, Jaqueline (orgs.). *Henri Wallon*. São Paulo, Ática, 1986.

WOODS, Peter. *Critical events in Teaching and Learning*. Londres, The Falmer Press, 1993.

# A dimensão do trabalho coletivo na escola: intervenções com a equipe gestora

**Vera Lucia Trevisan de Souza**[1]
vera.trevisan@uol.com.br

**Ana Paula Petroni**[2]
anappetroni@gmail.com

**Lilian Aparecida Cruz Dugnani**[3]
lac.dugnani@hotmail.com

> *Nenhum sentido te substitui o de participação.*
> *Mesmo a vista aguçada até a onividência*
> *de nada te adianta sem o sentido de participação.*
> Wislawa Szymborska (2011) (*Conversa com a pedra*)

## Introdução

O presente capítulo relata uma experiência desenvolvida com um grupo de gestores de uma escola pública municipal de uma cidade do interior de São Paulo, cujo objetivo foi promover a constituição da equipe gestora por meio da apropriação de seu papel

---

1. Professora e coordenadora do Programa de Pós-Graduação em Psicologia da PUC-Campinas.
2. Doutora e Mestre em Psicologia pelo Programa de Pós-Graduação em Psicologia da PUC-Campinas. Bolsista CAPES.
3. Doutoranda e Mestre em Psicologia pelo Programa de Pós-Graduação em Psicologia da PUC-Campinas. Bolsista CNPq.

no desenvolvimento de um ensino de qualidade e na superação dos problemas enfrentados na unidade escolar. Tal intento deriva das constatações das pesquisas desenvolvidas no Grupo Processos de Constituição dos Sujeitos em Práticas Educativas — PROSPED[4], as quais demonstram que o aumento da pluralidade tem caracterizado e constituído a escola como um ambiente complexo, em cuja realidade emergem, a um só tempo, a necessidade e a dificuldade da construção de modos respeitosos e harmônicos de se relacionar com as diferenças, bem como a primordialidade e o desafio de se conceber novos modos de ensino que promovam a aprendizagem neste contexto (BORDIGNON, SOUZA 2011; JESUS, SOUZA, PETRONI, DUGNANI 2013).

Nota-se também que há um esvaziamento de significados e sentidos para a sociedade, famílias, educadores, professores e alunos da importância do conhecimento escolar como modo de promoção do desenvolvimento humano e não apenas como instrumento de ascensão econômica e social[5], o que parece estar na base do baixo envolvimento dos estudantes com as propostas educativas na escola e, por outro lado, o predomínio dos sentimentos de nuances negativas, tais como: tristeza, desespero e solidão que parecem sustentar o crescente número de adoecimentos, afastamentos e resistência às propostas de mudanças por muitos educadores (DUGNANI, SOUZA 2011; PETRONI, SOUZA 2009; BARBOSA, SOUZA 2011; BORDIGNON, SOUZA 2011).

Dada a multiplicidade e complexidade dos desafios que se impõem à escola contemporânea, nota-se que a superação, sobretudo daqueles que se referem à formação continuada de professores — que, de nossa perspectiva é uma das principais vias de transformação do cenário atual — só se torna possível por meio do **trabalho em equipe**.

---

4. O grupo PROSPED é coordenado pela Professora Doutora Vera Lucia Trevisan de Souza e está vinculado ao Programa de Pós-Graduação em Psicologia da PUC-Campinas.

5. Há questões sociais e econômicas complexas que constituem este fenômeno. Não nos deteremos nelas por fugir ao escopo deste capítulo.

A literatura especializada aponta para um profissional que seria o principal responsável pela **mediação** e **articulação** das relações escolares com vistas à melhoria dos processos de ensino-aprendizagem e de ações que visam à promoção de possibilidade do desenvolvimento humano; trata-se do **coordenador pedagógico**. É a ele também que é atribuída a responsabilidade da **formação continuada de professores**. Embora essas três dimensões caracterizem a essência do trabalho de coordenar pedagogicamente, elas não são exclusivamente de sua responsabilidade. Ao considerarmos que o trabalho na escola só faz sentido no coletivo, afirmamos que estas funções estendem-se a toda a equipe gestora (PLACCO, ALMEIDA, SOUZA 2011; DUGNANI, SOUZA 2011).

Atuamos, durante seis anos, com a equipe gestora de uma escola municipal de Ensino Fundamental e Educação de Jovens e Adultos no município de Campinas, com início no ano de 2007. Já no ano de 2010, os gestores tomaram a iniciativa de se reunir para discutirem as demandas da escola, pois perceberam que era necessário diminuir a distância entre eles, assim como "criar uma voz única" da gestão para o encaminhamento das ações na escola. Partindo dessa ideia e das experiências que já tínhamos dos trabalhos anteriores[6], fizemos a proposta de atuarmos junto com os gestores — um diretor, dois vice-diretores e dois coordenadores pedagógicos[7] —, com o objetivo de promover a reflexão sobre suas práticas e auxiliá-los a criar um plano de gestão para enfrentar os conflitos que vivenciavam e pensar formas de superá-los. Realizávamos encontros semanais com eles, quando investíamos na reflexão sobre o cotidiano escolar e o papel da gestão na promoção de um ensino mais efetivo, tendo como foco, a partir da perspectiva da Psicologia, as relações estabelecidas pelos gestores com os demais atores escolares.

---

6. O grupo PROSPED realizou trabalhos durante sete anos nessa escola, atuando com professores, pais e alunos.
7. Na rede municipal de Campinas, os profissionais que atuam na escola são denominados orientadores pedagógicos. Contudo, para efeito deste texto, adotaremos o termo coordenador pedagógico.

As considerações a seguir resultam de nossas reflexões, mediadas pela experiência e convivência com os gestores. Não há como pensarmos na atividade exercida pelo homem sem considerar suas relações, seu meio, as mediações que permitem o contato com as produções culturais e sua reprodução. E, consoante ao que afirma Vigotski (2010), nesse processo, o que se torna primordial são as relações que os sujeitos estabelecem com o meio e, no caso dos gestores, elas envolvem diferentes instâncias, apresentam características diversas e constituem as condições que são, a um só tempo, produto e produtoras dessas relações.

Para este capítulo destacamos o desvelamento das representações da equipe gestora, na qual está incluído o coordenador pedagógico, em relação ao seu papel com os professores e das relações que estabelecem entre si, como promotoras de uma maior qualidade do ensino ofertado pela escola.

Ao longo de nossa intervenção, foram frequentes e recorrentes algumas expressões usadas pelos gestores que, a nosso ver, representavam seu papel ou atuação na escola, tais como **participação**, **resistências**, **escudos**, **vias de acesso**, **articulação**, **mudança**, **viabilizar**, **amortecedor**, **insatisfeitos**, **ponte**, entre outras que estarão destacadas ao longo do texto.

## A relação com os professores e com o pedagógico

O que se evidencia na relação estabelecida entre os gestores e os professores é o conflito. Em nossa inserção na escola, pudemos observar como ela se constitui a partir das duas perspectivas: a dos professores (Petroni 2008; Souza, Petroni, Dugnani 2009; Souza, Andrada, Petroni 2010) e a dos gestores. Esse movimento nos aproxima da fala de José Saramago, no documentário *Janela da Alma* (Jardim, Carvalho 2002), ao afirmar que, para conhecermos algo, é preciso dar-lhe a volta toda.

Pudemos observar que, nas duas perspectivas, o que impera são os afetos negativos: sofrimento, frustração, abandono, vitimização, culpabilização. O que prevalece é a descrença no sujeito e em suas possibilidades de ação, já que o professor não acredita no aluno e na gestão e esta, por sua vez, descredibiliza o professor. Nesse modelo, em que as relações entre os gestores e os professores pautam-se por nuances negativas, parece residir a razão de conflitos não resolvidos, os quais tensionam as relações principalmente pela resistência exercida pelos professores diante das propostas feitas pela gestão, as quais poderiam gerar algumas mudanças, em especial no âmbito pedagógico.

Por mais de uma vez, o diretor disse que a escola era território livre, em que qualquer um poderia fazer o que quisesse e falar o que quisesse sem consequências. Por que isso acontece? Essas consequências seriam somente negativas? E quando algo efetivo acontece, não há consequências, também? E as relações? Voltamos à ideia de que, por ser uma escola pública, circula-se a representação de que ela não é de ninguém, o que resultaria em liberdade irrestrita de seus atores, principalmente dos professores, segundo a gestão. De modo contraditório, no entanto, por vezes ouvimos queixas dos professores sobre condutas autoritárias da gestão e da Secretaria da Educação.

Outra queixa recorrente dos professores se refere à não participação dos gestores nas atividades desenvolvidas na escola e, realmente, esse foi um aspecto que esteve presente ao longo dos seis anos em que desenvolvemos nossas atividades. Contamos sempre com o apoio da equipe gestora nas intervenções que fazíamos com os docentes, mas, por mais que os convidássemos a participar, em particular o CP, havia sempre algo que impedia sua presença, havia sempre um "incêndio para apagar".

Como afirma Freire (1992), a construção do coletivo em um grupo perpassa pela implicação, pela parceria e pela **participação**. Como afirmamos acima, eles se implicavam, apoiavam, mas não participavam das atividades que eram consideradas importantes pelos professores, e isto era configurado por eles ora como abandono, ora como autoritarismo, afastando-os da equipe gestora.

Da perspectiva de Vigotski, podemos dizer que a mediação é o elo para compreendermos o desenvolvimento do sujeito enquanto homem e, sem o outro, não há possibilidade de se avançar os modos de funcionar mais complexos. Acreditamos que o papel da gestão seja o de quebrar essas **resistências**, por meio de uma mediação que se revele efetiva no avanço da práxis e do desenvolvimento dos sujeitos. Contudo, ao quebrá-las, há de se ter o cuidado com a forma como isso é feito, pois se pode afetar o outro negativamente, gerando significações que podem aumentar ainda mais as resistências. Para nós, é preciso haver um diálogo que promova o trabalho coletivo, e o diálogo só ocorre com e na presença e participação do outro.

Não há como pensar na escola como espaço coletivo se seus atores não a compreendem dessa forma, não viabilizam a grupalidade. Esse fato torna-se uma das impossibilidades de um movimento de transformação. Quando esse movimento não está presente, o diálogo não se torna possível, os conflitos negativos se sobressaem, o desrespeito impera.

Outro movimento por nós observado foi o da aparente não mudança que parece predominar na escola. A resistência parece ser o que se encontra na base dessa ação para não mudar, e pode ser representada pelo **escudo** usado como forma de proteção. O que tanto há nas ações que precisa ser escondido? Por que não há abertura ao novo, aos parceiros? Por que o trabalho precisa ser escondido? Se o funcionalismo público não pune, por que é preciso se proteger?

Talvez a resposta esteja no receio dos sujeitos em serem julgados, de serem colocados diante do fracasso de suas ações, de sentir vergonha diante daqueles que, como mencionado por Souza (2004), consideram seus juízes legítimos. Ao expor seu trabalho, colocam-se em evidência, também, seus pontos fracos. Não conseguem visualizar a possibilidade de desenvolvimento de sua prática, da convivência. Essa constatação nos leva a questionar se esses profissionais estariam alienados.

Duarte (2004), fazendo uma reflexão sobre os pressupostos de Marx e Leontiev, nos leva a um ponto específico: a alienação como esvaziamento de sentido da atividade. O sujeito realiza sua atividade, mas não atribui sentido a ela, não encontra algo que seja seu, não consegue avançar, avaliar, refletir sobre o papel e o trabalho que vem desenvolvendo. "O trabalho torna-se algo externo e estranho à personalidade do indivíduo quando, na realidade, deveria a atividade centrar-se em termos do processo de objetivação da personalidade do indivíduo" (p. 59). Há, também, a alienação que é imposta pela sociedade capitalista, aquela que impede o acesso às produções culturais, pois individualiza o que deveria ser coletivo.

De que maneira essa alienação se apresenta na escola e impossibilita o desenvolvimento da consciência dos sujeitos? A nosso ver, as atividades dos profissionais da educação vão se esvaziando de sentidos, na medida em que eles vão se entregando às situações vivenciadas no cotidiano e não se identificam com aquilo que fazem ou consideram que fazem o seu melhor e não há outra possibilidade de realizar tal atividade. Souza (2012) diz que, no esvaziamento de sentido, impera a impossibilidade do devir, pois o sujeito não consegue imaginar o futuro. E, diante dessa situação, os professores e gestores não veem, também, a possibilidade de estabelecer parcerias, trocas ou outras formas de realizar sua atividade.

O que se evidencia, no entanto, é a falta de diálogo entre os sujeitos. Já dissemos que acreditamos que a escola é um espaço em que *se fala de*, mas *não se fala com* (Souza, Petroni, Dugnani 2011). Para nós, um diálogo acontece, realmente, quando os sujeitos envolvidos estão dispostos a ouvir, a falar e a refletir, como defendia Paulo Freire (1996, 1999, 2005). Pensamos que há diferentes formas de se estabelecer esse diálogo e, a forma como os gestores vinham fazendo isso não estava alcançando os professores, que entendiam esse modo de intervir como autoritário.

A mediação do outro da relação permite que o sujeito acesse o conhecimento socialmente produzido, o que significa que esse outro, com a utilização dos signos de que lança mão, realiza um processo que se denomina significação. A significação diz respeito ao ato de atribuir significado a algo, em que concorrem não só o fato ou o evento, mas, também e principalmente, o contexto em que ocorre, os sujeitos que dele participam e a história de cada um (Sigardo 2000).

Na mediação, os sujeitos em relação se apropriam dos significados que os outros atribuem aos fatos ou eventos e não dos fatos ou eventos em si, ou seja, configuram, também, o modo como os outros da relação vivenciam a realidade. Ao fazer essa apropriação, no entanto, o fazem de maneira singular, de acordo com sua experiência, com sua história. Então, é possível dizer que no processo de significação o sujeito se apropria dos significados que a cultura confere a fatos ou eventos (Souza, 2004).

No processo de apropriação da cultura, de desenvolvimento das funções psicológicas superiores por meio da mediação do outro, o signo assume grande relevância, visto ser a fala o meio de comunicação que possibilitará esse processo. De quais signos, enquanto instrumentos promotores da transformação psicológica do sujeito, a gestão tem lançado mão em sua relação com os professores? Podemos dizer que a mediação não vem sendo realizada de modo efetivo e que os gestores necessitam buscar diferentes formas de tocar os professores, promovendo significações quanto ao papel que têm no processo de ensino-aprendizagem, contribuindo para a ampliação da consciência de ambos no que se refere à coletividade e ao cumprimento do objetivo deles enquanto profissionais de uma mesma escola.

Nesse processo, a fala aparece como função de extrema importância, na medida em que possibilita o diálogo, o processo de reflexão, de troca de experiência, de desenvolvimento dos significados que se referem ao cotidiano escolar. Pensamos que o início desse movimento possa ser a existência de um espaço em que esses sujeitos sejam escutados. No entanto, uma escuta consciente e crítica, e não somente que atenda algumas solicitações para que se evitem conflitos.

À gestão caberia, então, o papel de promover espaços coletivos na escola, possibilidade existente graças à liderança que por ela deve ser exercida, lembrando que liderar não significa se impor aos outros, mas saber conduzir um grupo para alcançar os objetivos propostos; no caso da escola, conduzir todos os atores escolares ao exercício de uma educação efetiva.

Havia um movimento de tensão permanente entre professores e gestores, e podíamos observar algumas diferenças. Os coordenadores pedagógicos eram mais próximos dos professores e talvez isso se justifique por sua função, o que já não se observa na relação com o diretor e com os vice-diretores. Muitas vezes, os coordenadores eram procurados pelos professores como interlocutores para solicitações aos diretores. Esse aspecto, para nós, evidencia a fragilidade em que se encontram essas relações, em especial com relação ao diretor.

O que estaria na base desse afastamento dos professores? Seria possível romper com esse receio e estabelecer uma nova forma de relação entre os professores e os gestores? Delari Jr. (2009) diz que, no desenvolvimento rumo à emancipação, é preciso a "superação de paixões tristes, de receios, ideias e afetos, que nos imobilizam, por desconhecermos as causas reais das coisas. E também por, desse modo, ignorarmos as nossas próprias possibilidades e limitações com relação à transformação ou manutenção do mundo que aí está" (p. 7). Os gestores e os professores entraram em uma modalidade de relação em que não veem possibilidades de superação dos empecilhos e, a nosso ver, o medo, o receio dos professores, em relação ao diretor, apresenta-se como um agravante dessa situação.

Pensamos que uma maneira de romper e superar esse movimento seja pelo estabelecimento de espaços em que se torne possível o exercício do diálogo, em que se quebrem as barreiras, os escudos, logo, promovendo a ampliação da consciência de todos, professores e gestores, para que reconheçam que são capazes de agir em busca da mudança da realidade que vivenciam na escola, encontrando **vias de acesso** para que isso aconteça.

A ampliação da consciência dos gestores sobre seu papel pode ser considerada como o início da construção dessa via de acesso direta entre eles e os professores, sem intermediários. Para isso, o coletivo precisa fazer parte dessa consciência crítica dos sujeitos. No entanto, nem sempre esse coletivo era compreendido como positivo pelos gestores.

A grupalidade existia entre os professores, mas não de maneira positiva, pois o coletivo se sobrepunha à singularidade. A liderança de alguns impedia que os outros se colocassem e, para as ações da gestão, isso se apresentava como um empecilho. Da mesma maneira, a forma como os gestores compreendiam esse grupo de professores impedia que suas ações se voltassem ao fortalecimento do coletivo.

De nossa experiência, pudemos apreender que, mais do que parcerias, faltava o diálogo, entendido por nós como fundamental para a constituição do sujeito singular e do coletivo da escola. A existência de espaços para falar e para ser escutado permite ao sujeito desenvolver seu pensamento e sua consciência enquanto participante ativo de um grupo. Defendemos que um dos meios para que isso aconteça seja o fortalecimento da gestão enquanto equipe, desse modo, eles terão fundamento para liderar o estabelecimento do coletivo na escola como um todo. Mas como este coletivo é construído dentro da própria gestão?

## O movimento da gestão e a relação entre os gestores

Nossa inserção nessa escola nos possibilitou observar diversas mudanças na estrutura física desse espaço, ao longo do tempo: construção da quadra coberta, laboratórios de informática e de ciências equipados, reforma da biblioteca, entre outros, assim como o início de diversas atividades decorrentes de projetos incluídos no Programa Mais Educação[8], tais como aulas de capoeira, teatro, *hip hop* etc. A nosso ver, essas são mudanças decorrentes das ações de todos os atores escolares.

No entanto, o diretor afirmava que não se sentia reconhecido como um dos viabilizadores e promotores dessas mudanças, as críticas sobressaíam-se aos elogios. Parece-nos que o não reconhecimento do trabalho realizado na escola era o que imperava, subjugando a capacidade dos sujeitos, e isso se reproduzia em todas as instâncias da escola: os professores não reconheciam a capacidade de seus alunos e os gestores também não reconheciam o trabalho de seus professores. O que *não* se conseguia fazer era o que se colocava em

---

8. O Programa Mais Educação foi criado por meio da Portaria Interministerial n. 17/2007, e tem como objetivo oferecer atividades optativas que envolvam acompanhamento pedagógico, meio ambiente, esporte e lazer, direitos humanos, cultura e artes, cultura digital, prevenção e promoção da saúde, educomunicação, educação científica e educação econômica, buscando a melhoria do espaço escolar (http://portal.mec.gov.br/index.php?Itemid=86&id=12372&option=com_content&view=article/).

evidência. Sempre faltava algo, e nessa falta, surgia a necessidade de agradar o outro para que o trabalho fosse realizado, como o diretor chegou a colocar, de que, enquanto se fizesse o que o professor quer, por mais que não gostassem dele, eles, em seu ponto de vista, produziam.

Ser reconhecido é importante na medida em que permite ao sujeito ir se identificando com suas realizações em determinado espaço, se reafirmando e, como vimos, reconhecendo seus limites e suas possibilidades de superação e transformação. No entanto, ao ser reconhecido negativamente, o sujeito pode assumir para si a representação de incapaz, o que, de alguma maneira, se apresenta como empecilho para o desenvolvimento de uma prática efetiva — de que adianta se esforçar para realizar algo, se não se é reconhecido por isso?

Nesse movimento, surge uma contradição: para serem reconhecidos enquanto tal, os gestores acabam por desempenhar atividades e ações que não condizem com a função pela qual respondem e também fazendo concessões, como eles mesmos relataram.

Sabemos que alguém exerce sua autoridade somente quando esta é legitimada pelo outro, mas a que preço vem esta legitimação? Que tipo de concessão é preciso fazer para que o gestor seja reconhecido enquanto tal e para que sua autoridade seja respeitada? Ficamos com a impressão de que, para que haja um "coletivo", é preciso haver uma relação velada, em que não haja discordâncias, críticas e conflitos, ou seja, é o corporativismo se instalando como modo de funcionar dos atores da escola e não há autoridade possível neste movimento; só resta o autoritarismo praticado por todos os sujeitos.

Consideramos a escola um espaço coletivo em que seus atores deveriam constituir-se como uma equipe, para que essa coletividade fosse exercida. A quem caberia promover as condições de trabalho, lidar com as demandas apresentadas pelos sujeitos, oferecer apoio às questões relacionais e afetivas?

Recorrendo à descrição contida no projeto político pedagógico da escola sobre a função do diretor encontramos menção à articulação entre os grupos da escola para que a tarefa de ensinar seja cumprida. Essa ação da equipe gestora poderia ser relacionada à criação de espaços coletivos para discussão e elaboração de estratégias na busca de uma ação efetiva de educação e ensino. E nós encontramos esse movimento entre os membros da equipe gestora, que se constituiu no período de nossa intervenção.

Sabemos que a liderança de um grupo faz toda a diferença e esse papel é da direção. Ela é fundamental para o estabelecimento do coletivo, promover e garantir espaço para o estabelecimento do respeito mútuo, lidar com a diversidade existente, seja dos professores, seja dos coordenadores pedagógicos. Entretanto, os gestores não se constituíam enquanto uma equipe também e o diretor chegou a pontuar que o coletivo acaba por ficar somente na dimensão teórica, isto é, na prática, ela não é desempenhada, principalmente pelo fato de nem todos os membros tomarem para si as responsabilidades.

No projeto político pedagógico dessa escola, temos como parte da definição das funções dos diretores e coordenadores pedagógicos a corresponsabilização, que nos direciona para ações conjuntas para cumprimento das metas que se encontram no referido projeto. Assim, todos os membros da equipe são responsáveis pelas decisões tomadas frente às demandas da escola. O que nos fica cada vez mais evidente é a dificuldade que há entre separar a singularidade da individualidade.

Quando defendemos um trabalho em equipe, não defendemos que o sujeito seja desconsiderado, ao contrário, acreditamos em uma coletividade que se constitui na e pela singularidade do sujeito.

O que gostaríamos de ressaltar é a influência das relações sociais estabelecidas na escola. De acordo com Pino (2000), as relações sociais são um dos eixos de toda a tese formulada por Vigotski, pois elas dão margem para compreendermos o desenvolvimento das funções psicológicas, da organização e estruturação da sociedade e do homem singular. São as relações sociais que possibilitam o acesso às construções culturais históricas da espécie.

Assim, são as relações estabelecidas entre os gestores que contribuem para a construção da equipe e para a constituição de seus membros enquanto gestores. Essa afirmação é que fundamenta nossa defesa do trabalho coletivo. Como temos observado, porém, instituir o coletivo na escola como característica do trabalho permanece como desafio.

O sentimento de solidão parece ser reproduzido pela maioria dos atores escolares; é um sentido que circula em toda a escola. Já apontamos anteriormente que o modo como os sujeitos vão significando sua função decorre do modo como os outros a significam, também, em um processo mútuo. Sendo assim, os gestores assumem para si responsabilidades que não são somente deles e acabam isolando-se, de alguma maneira, do restante da equipe.

Contudo, os próprios gestores observaram a necessidade de começarem a desenvolver um trabalho em equipe. A iniciativa deles em estabelecer um espaço em que pudessem discutir as demandas da escola foi tomada quando perceberam que não estavam tendo coerência em suas decisões e isso estava prejudicando o desenvolvimento das atividades na escola.

A nosso ver, o movimento dos gestores em "buscar uma única fala", como eles tantas vezes relataram, já representa um movimento rumo à transformação do espaço escolar. Esse trabalho em equipe, porém, precisa fazer sentido para eles, pois, dessa forma, poderiam exercer sua real função: fazer cumprir as metas contidas no projeto político pedagógico em prol do aprendizado do aluno. E pensamos que uma alternativa para que isso se concretize seja partilhando experiências, quebrando representações negativas, ouvindo todos os atores escolares, que possam servir para se ultrapassar os empecilhos encontrados na escola.

Sendo a escola um espaço em que suas ações se voltam a outros sujeitos, por que não escutá-los? Destacamos, aqui, a importância da **articulação** para a compreensão desses processos. Há de se ter o cuidado de não impor regras, projetos, atividades, pois, do mesmo modo como gestores e professores queixam-se das imposições feitas pela Secretaria da Educação, que, muitas vezes, acabavam prejudicando o trabalho que vinha sendo desenvolvido, alunos e comunidade também podem se sentir invadidos pelas propostas da escola. Conhecer a realidade, as condições materiais de todos, torna-se imprescindível para que essas mudanças ocorram, por isso a necessidade de articulação.

Concordamos com Paro (2010) ao pontuar que o objeto de trabalho de gestores e professores são sujeitos — os alunos —, por isso as atividades desenvolvidas não podem ter em sua base uma direção unilateral, mas sim, constituir-se como uma relação de convivência, assim denominada pelo autor. Essa é uma dimensão que não pode ser deixada de lado quando falamos em educação.

O olhar lançado para a escola e seus atores deve ser o que se volta para essa convivência. Convivência permeada pelo respeito, pelo diálogo, pelo reconhecimento do outro enquanto sujeito ativo e participativo do meio. A viabilização e a articulação, como formas de mediação no trabalho desenvolvido pela gestão, têm em sua base esses princípios. Para nós, os gestores, por meio da colaboração de e para com os professores e alunos, precisam buscar superar os empecilhos do cotidiano escolar, rumo à emancipação. Eles, gestores, porém, precisariam ampliar sua consciência nesse sentido, conhecer a realidade, para propor que mudanças ocorram. **Mudança** é outro movimento que se evidencia.

Mesmo assim, o diretor nos disse não acreditar que seu trabalho pudesse promover mudanças, porém, afirmou que poderia dar condições para essas mudanças. É exatamente nesse ponto que queríamos chegar. A mudança e a superação não dependem somente da equipe gestora, nem exclusivamente do diretor, mas de todos os que estão inseridos e envolvidos com a escola.

Pensamos que o papel da gestão seja o de liderar essas mudanças, tomando como ponto de partida o projeto político pedagógico, que deve ser uma construção coletiva. Ao estabelecer um horário e um dia da semana para se encontrarem, dava um passo importante em direção à mudança e, ao tentar promover o diálogo, e assumir que as decisões seriam tomadas pela equipe e não por um único membro, já sinalizava avanços na superação dos conflitos tão presentes no dia a dia da escola. Ou seja, o papel da gestão é, realmente, oferecer condições para que as mudanças ocorram. Viabilizar, articular, romper com os escudos, conviver, respeitar, mudar.

Todavia, é preciso atentar para as ações autoritárias. O diretor colocou que não podia exigir que as pessoas fizessem como ele achava certo, especialmente no que se refere ao pedagógico. Liderar não é impor, mas cuidar para que os objetivos sejam cumpridos, que os projetos sejam realizados. E, nesse processo, há de se considerar todas as dimensões envolvidas: política, administrativa, singular e coletiva.

## Considerações finais

Ao longo de nossa intervenção, fomos entrando em contato com declarações dos gestores que, para nós, de alguma forma caracterizam a equipe gestora e o modo de funcionar de seus sujeitos. As palavras por eles utilizadas podem representar uma síntese que possibilite a (re)construção de novas formas de pensar e agir dos gestores, ou seja, auxiliam na compreensão do processo de ampliação da consciência desses sujeitos.

Representando-se como **amortecedor**, os gestores se encontram em uma posição em que se veem obrigados a lidar com diversas pressões exercidas pela Secretaria e, em particular pelos professores. Em muitas de nossas discussões, tínhamos a impressão de que essas pressões eram as que tomavam a maior parte do tempo de trabalho dos gestores, pois as questões administrativas, burocráticas, acabavam por subjugar as pedagógicas. Além desse aspecto, parecia-nos que ser um amortecedor era condição essencial para que o funcionamento da escola acontecesse, mesmo que minimamente, ou seja, que um número de atividades ocorresse.

Pensamos que, talvez, esse modo de funcionar dos gestores possa caracterizar a falta de **diretrizes** no encaminhamento de ações que realmente atendam às demandas da escola como um todo. Esse é um aspecto que, para nós, volta-se para a criação de políticas que fundamentem o trabalho dos atores escolares, que os coloquem na posição de atores e autores desse espaço, e não que se apresentem como empecilhos, na medida em que podem engessar os sujeitos no cumprimento de suas tarefas.

Lembremos que é preciso haver sentido para os sujeitos nas ações que eles realizam, para que essas não se constituam em um trabalho alienado, esvaziado, em que não há um vislumbramento das possibilidades, do tornar-se participante ativo desse espaço.

Vemo-nos à frente, então, das **condições** com as quais os gestores se deparam para a realização de sua função. Conforme pontuamos, torna-se imprescindível que sejam oferecidas condições materiais para que o trabalho dos gestores se realize de forma efetiva, e que estes sejam conscientes delas. Contudo, observamos que as condições existentes no meio em que estão inseridos acabam impedindo que eles se realizem em suas ações, o que gera certa insatisfação nos sujeitos, pois se veem impossibilitados de realizar aquilo que acreditam serem capazes.

Os gestores sentem-se **insatisfeitos**, pois não veem o resultado do trabalho realizado e acabam desacreditando que será possível alcançar mudanças. A insatisfação pode ser relacionada com a representação da permanente falta: faltam recursos, falta implicação dos sujeitos, falta responsabilidade, falta interesse; e, diante da falta, não há trabalho possível.

E nesse movimento da falta, reproduzido pelos atores escolares, enfrentamos as posturas de **resistências** e os **escudos** erguidos ao longo de toda nossa intervenção, em particular por parte dos professores. O que há para se esconder por trás desses escudos e da resistência, se não há consequências, independentemente do trabalho que o sujeito desenvolver?

Ao baixarem seus escudos, os sujeitos colocam-se em uma postura aberta e desprotegida, deixando em evidência suas impossibilidades, ficando vulneráveis aos julgamentos daqueles que consideram como juízes. No entanto, entendemos que quebrar essas resistências pode se caracterizar como uma **via de acesso** a esses sujeitos, uma maneira de contribuir para que se promovam avanços na escola como um todo, para a realização de um processo de ensino-aprendizagem que promova o desenvolvimento de todos os sujeitos, seja aluno, professor ou gestor. Para nós, é esse o objetivo-fim da educação: o desenvolvimento do sujeito completo.

Dentro desse processo, pontuamos que a gestão deveria **viabilizar** ações que promovessem o avanço dos sujeitos e da escola, em que haja a superação dos receios, o estabelecimento de parcerias, ou seja, em que se priorizem os aspectos positivos das relações. Relações estas, estabelecidas entre os sujeitos e o meio em que se inserem.

Ou seja, criar formas que possibilitem lidar com as tensões que caracterizam essas relações, na tentativa de transformá-las em forças motivadoras para a superação dos conflitos impeditivos de mudanças. As tensões e os conflitos estarão sempre presentes nas relações, dessa forma, caberia aos gestores realizar a **articulação** entre as demandas apresentadas pelos atores escolares, incluindo a si próprios, e as diretrizes e demais políticas existentes que permeiam o funcionamento da escola, buscando promover a **mudança** em suas ações, de modo a inspirar mudanças dos outros.

Por fim, poderíamos dizer que os gestores assumiriam, em sua função, a representação de **ponte**, pois, ao ampliar sua consciência acerca de suas condições materiais de trabalho, poderiam exercer sua função de liderança de modo mais crítico, viabilizando a implantação efetiva do projeto político pedagógico da escola.

## Referências

BARBOSA, E. T., SOUZA, V. L. T. A vivência de professores sobre o processo de inclusão: um estudo da perspectiva da Psicologia Histórico-cultural. *Psicopedagogia*, São Paulo, v. 27 (2011) 352-362.

BORDIGNON, J. C., SOUZA, V. L. T. O papel dos afetos nas relações escolares de adolescentes. *Revista Perspectivas em Psicologia*, v. 15 (2011) 132-144.

DELARI JR., A. *Vigotski e a prática do psicólogo: em percurso da psicologia geral à aplicada*. 2009. Mimeo. 2ª versão. p. 40. Disponível em: <http://xa.yimg.com/kq/groups/25031055/648191845/name/Vigotski%20e%20a%20Pratica%20do%20Psicologo-%202a-Versao.pdf>. Acesso em: 23 de junho de 2014.

DUARTE, N. Formação do indivíduo, consciência e alienação: o ser humano na psicologia de A. N. Leontiev. *Caderno CEDES*, v. 24, n. 62 (abr. 2004) 44-63. Disponível em: <http://www.cedes.unicamp.br>. Acesso em: 5 de junho de 2014.

DUGNANI, L. A. C., SOUZA, V. L. T. Os sentidos do trabalho para o orientador pedagógico: contribuições da psicologia escolar. *Psicologia da Educação*, v. 33 (2011) 29-47.

FREIRE, M. *O que é um grupo*. Paixão de aprender. Petrópolis, Vozes, 1992, p. 59-98.

FREIRE, P. *Pedagogia da autonomia*: saberes necessários à prática educativa. 35. ed. São Paulo, Editora Paz e Terra, 1996.

_____. *Educação como prática da liberdade*. 23. ed. Rio de Janeiro, Editora Paz e Terra, 1999.

_____. *Pedagogia do Oprimido*. 41. ed. Rio de Janeiro, Editora Paz e Terra, 1995.

JARDIM, J., CARVALHO, W. *Janela da Alma*. Documentário. Duração 73 minutos. 2002.

JESUS, J. S., SOUZA, V. L. T., PETRONI, A. P., DUGNANI, L. A. C. Os sentidos da aprendizagem para professores de educação infantil, ensino fundamental e médio. *Psicopedagogia*, São Paulo, v. 9 (2013) 201-211.

PARO, V. H. A educação, a política e a administração: reflexões sobre a prática do diretor de escola. *Educação e Pesquisa*, v. 36, n. 3 (2010) 763-778. Disponível em: <http://dx.doi.org/10.1590/S1517-97022010000300008>. Acesso em: 21 de junho de 2014.

PETRONI, A. P., SOUZA, V. L. T. Vigotski e Paulo Freire: contribuições para a autonomia do professor. *Revista Diálogo Educacional* (PUCPR), v. 9 (2009) 351-361.

_____, A. P. Autonomia de professores: um estudo da perspectiva da psicologia. Dissertação de Mestrado. Pontifícia Universidade Católica de Campinas. Campinas, 2008.

PINO, A. O social e o cultural na obra de Vigotski. *Educação & Sociedade*, v. XXI, n. 71 (2000) 45-78. Disponível em: <http://www.scielo.br/pdf/es/v21n71/a03v2171.pdf>. Acesso em: 16 de maio de 2014

PLACCO, V. M. N. S., ALMEIDA, L. R., SOUZA, V. L. T. O coordenador pedagógico (CP) e a formação de professores. *Estudos e Pesquisas Educacionais*, v. 2 (2011) 227-288.

SIRGADO, A. P. O social e o cultural na obra de Vigotski. *Educação & Sociedade*, v. 21, n. 71 (2000) 45-78.

SOUZA, V. L. T. *A interação na escola e seus significados e sentidos na formação de valores*: um estudo sobre o cotidiano escolar. Tese de Doutorado. Pontifícia Universidade Católica de São Paulo. São Paulo, 2004.

_____, V. L. T., ANDRADA, P. C., PETRONI, A. P. Algumas considerações sobre a teoria de Henri Wallon e suas contribuições para a Educação. *Momentum*, Atibaia, n. 1 (2008) 127-140.

_____, V. L. T., ANDRADA, P. C. Contribuições de Vigotski para a compreensão do psiquismo. *Estudos de Psicologia* (PUCCAMP), v. 30 (2013) 355-365.

_____, V. L T., PETRONI, A. P., DUGNANI, L. A. C. A arte como mediação nas pesquisas e intervenção em Psicologia Escolar. In: GUZZO, R. S. L., MARINHO-ARAUJO, C. M. (orgs.). *Psicologia escolar*: identificando e superando barreiras. Campinas, Editora Alínea, 2011, p. 261-285.

_____. A grupalidade na escola: elemento constitutivo da identidade docente. *Psicologia, Educação e Cultura*, v. XIII (2009) 54-62.

SZYMBORSKA, W. *Poemas*. Tradução e prefácio Regina Przybycien. São Paulo, Companhia das Letras, 2011.

VIGOTSKI, L. S. Quarta aula: a questão do meio na pedologia. Psicologia USP. Tradução de Márcia Pileggi Vinha, Max Welcman. São Paulo, v. 21, n. 4 (2010) 681-701. Disponível em: <http://www.scielo.br/pdf/pusp/v21n4/v21n4a03.pdf>. Acesso em: 15 de julho de 2014.

# O coordenador pedagógico na perspectiva de professores iniciantes na EJA (Educação de Jovens e Adultos)

Andrea Jamil Paiva Mollica[1]
ajmollica@uol.com.br

## Introdução

O local de trabalho em que atuam muitos profissionais da Educação, professores, coordenadores pedagógicos, diretor, vice-diretor, entre outros, é a escola. Trata-se de um ambiente extremamente complexo, pois cotidianamente ocorre uma variedade de acontecimentos, como aqueles relacionados às relações interpessoais, às demandas burocráticas, aos eventos inesperados etc. Ademais, embora as instituições escolares apresentem essa característica comum, cada uma tem sua particularidade, composta por situações e pessoas singulares. É trabalhando nesse contexto que os profissionais buscam atingir o principal objetivo da escola, que é a promoção da aprendizagem do aluno.

Para tanto, eles necessitam de habilidades para atuar conforme o papel que cada um desempenha na escola. Tais habilidades advêm da vivência pessoal, da formação e da experiência na própria escola onde trabalham. No entanto, na medida em que vão atuando, vão percebendo lacunas e defasagens do seu curso acadêmico e que precisam continuar aprimorando sua formação, entre outras coisas,

---
1. Doutora em Educação: Psicologia da Educação e Mestre pelo Programa de Estudos Pós-Graduados em Educação: Psicologia da Educação da Pontifícia Universidade Católica de São Paulo.

devido à transformação constante do contexto de trabalho. Nesse sentido, além da formação continuada obtida em cursos, palestras etc., os profissionais também esperam contar com o apoio dos pares, de modo a contribuir com seu processo formativo e, consequentemente, com sua atuação.

No caso dos professores, percebemos que, além do corpo docente, eles buscam muito amparo na equipe gestora, principalmente no coordenador pedagógico (CP).

O CP tem um papel muito importante na escola. É uma profissão recentemente normatizada nos textos legais, como aqueles das Secretarias Estaduais e Municipais, os quais dispõem sobre suas atribuições. Contudo, ela é bastante antiga quanto à função, visto que já era possível evidenciar algumas práticas da coordenação desde os trabalhos dos inspetores escolares, no início do século XX, conforme nos informam Placco, Almeida e Souza (2011). As autoras consideram que, mesmo que a legislação tenha um aspecto positivo, por orientar o trabalho do CP, ela envolve múltiplas funções, sobrecarregando o profissional e causando confusão sobre o que é mais relevante nessa função.

Discussões recentes (PLACCO, ALMEIDA, SOUZA 2011; CAMPOS 2010; MIZIARA 2008; GROPPO 2007 etc.) têm evidenciado que, muitas vezes, o CP realiza atividades na escola que não são de sua competência, devido às demandas dos pares ou por não ter quem as execute, fazendo com que ele se desvie de sua função. Essa realidade, juntamente com a falta de formação específica para a atuação, faz com que o CP não tenha clareza sobre o que é mais importante para a realização de seu trabalho. Portanto, podemos dizer que o CP ainda está em processo de entendimento sobre sua função.

Mesmo que esse cenário seja evidenciado, reforçamos que o CP tem fundamental papel nas escolas, especialmente no sentido de dar suporte ao corpo docente. Assim, concordamos com Placco, Almeida e Souza (2011) quando afirmam que a ele cabe o papel de formador de professores, colaborando no aprofundamento e desenvolvimento dos conhecimentos em relação aos objetivos da escola; o de articulador, fazendo com que o coletivo escolar trabalhe de modo coeso, sem desconsiderar as particularidades; e o de transformador, possibilitando reflexões sobre a realidade da instituição que viabilize mudanças quando necessário.

Tal como mencionado, os docentes também esperam apoio por parte do seu CP para contribuir com sua atuação. E, nesse sentido, é possível afirmar que as ações deste estão constantemente sendo avaliadas pelo grupo de professores. Acreditamos, portanto, que analisar o que eles pensam a respeito do CP pode ser de grande valia como mais um elemento de reflexão para contribuir com a melhoria do trabalho desse profissional.

Desse modo, o presente artigo discute parte dos resultados de uma pesquisa de mestrado, cujo objetivo principal foi identificar as necessidades do professor iniciante na Educação de Jovens e Adultos (EJA), referentes tanto à sua formação inicial, quanto ao auxílio que a escola deve dispensar-lhe nessa etapa profissional[2].

E por que nos propusemos a apresentar um recorte da pesquisa sobre professores iniciantes na EJA, numa coletânea endereçada a coordenadores pedagógicos? Porque, embora não houvesse nenhuma questão específica sobre o CP, nas entrevistas que foram realizadas com os docentes, eles se referiram várias vezes a esse profissional, exaltando sua atuação como um dos elementos essenciais para auxiliar em suas práticas pedagógicas. As entrevistas revelaram, entre outros pontos, o que eles pensam sobre as ações da coordenação pedagógica, destacando tanto as que consideram contribuir com seu trabalho, quanto as que deveriam ser incorporadas.

## A pesquisa

O interesse em pesquisar a EJA e seus professores surgiu de reflexões que partiram da análise sobre essa modalidade de ensino e também de indagações a respeito dos docentes iniciantes nessa área.

---

2. A pesquisa ora referida foi realizada pela autora do presente artigo, sob a orientação de Laurinda Ramalho de Almeida, do Programa de Estudos Pós-Graduados em Educação: Psicologia da Educação — PUC-SP, tendo como título: *Tornar-se professor da EJA: um estudo priorizando a dimensão afetiva* (2010).

Acreditamos que a EJA tem grande relevância em nossa sociedade, pois, conforme dados do Censo Escolar do MEC e INEP[3], referente a 2013, há 3.158.303 matriculados em escolas da Rede Pública que oferecem o ensino ao alunado jovem e adulto, em todo o território brasileiro. Ademais, esse número pode ter a tendência de crescimento, uma vez que ainda há um grande percentual de indivíduos fora da escola e de 13,2 milhões de analfabetos — como mostra o levantamento do IBGE[4], cujos dados estão na PNAD[5] de 2012. Dessa forma, o possível aumento de uma demanda igualmente pode suscitar a entrada de novos educadores na área.

Além de muitos educadores estarem lecionando pela primeira vez na EJA, eles também não têm formação específica para trabalhar com o alunado jovem e adulto, fazendo com que encontrem muita dificuldade na atuação.

Alguns pesquisadores brasileiros, Lima (2006), Mariano (2006), Papi e Martins (2009), entre outros, têm confirmado o que há algum tempo discute-se sobre o início da carreira docente em âmbito nacional e internacional. Trata-se de uma primeira etapa da atuação[6], dentre outras que o professor poderá vivenciar, cujas experiências podem ser conflitantes, uma vez que o aluno sairá do espaço acadêmico e passará a ser professor, e, tudo o que foi aprendido por ele no curso de formação poderá entrar em *choque com a realidade*, expressão difundida por Veenman (1984, apud LIMA 2006).

Nessa fase, segundo estudos de Huberman (2007) sobre o ciclo da vida profissional do professor, pode haver uma confrontação com as dificuldades que possam surgir na realização do trabalho, denominado por ele de sobrevivência, mas também pode haver

---

3. Ministério da Educação e Cultura (MEC); Instituto Nacional de Estudos e Pesquisas Educacionais (INEP).
4. Instituto Brasileiro de Geografia e Estatística (IBGE).
5. Pesquisa Nacional por Amostra de Domicílio (PNAD).
6. Não há um consenso entre os pesquisadores que estudam o início da carreira docente sobre o tempo de duração dessa etapa. Ela pode variar de três anos (HUBERMAN 2007) até sete anos (TARDIF 2002).

simultaneamente situações de descoberta, quando o novo professor sente-se entusiasmado e responsável pelo seu trabalho.

Entretanto, Marcelo Garcia (1999) ressalta que algumas características observadas em educadores ingressantes, como: insegurança no modo como tratam questões do dia a dia, dificuldade de lidar com a classe e equipe escolar etc., também podem ser percebidas nos que possuem maior tempo de profissão quando mudam de escola, região, nível de ensino.

O docente, ao longo de sua carreira, passa por uma variedade de experiências profissionais, as quais vão influenciá-lo de alguma maneira, provocando uma diversidade de emoções e sentimentos. Uma dessas experiências refere-se à mudança de função, ou seja, o educador pode trabalhar em um momento como alfabetizador, como professor do Ensino Fundamental, como orientador, como coordenador em outros momentos etc.

Isso significa que ele pode ter vários inícios na carreira, em sua trajetória profissional, ou seja, mesmo que já tenha experiência na área educacional, ao mudar sua atuação, é iniciante em uma determinada função. Atuar como professor de EJA é uma das funções que o educador pode exercer. Trata-se de um trabalho diferenciado, pois, basicamente, ensinam-se jovens e adultos que nunca frequentaram a escola ou que não completaram a escolarização básica[7]. Ademais, o tempo de duração do curso da EJA é reduzido, comparado com o Ensino Regular.

Devido a isso, para o tipo de educação descrito, é necessário um preparo profissional específico (SOARES 2006). O fato de o docente muitas vezes não estar preparado e por, principalmente, atuar pela primeira vez com esse alunado, representa uma situação provocadora de emoções e sentimentos, visto que muitos componentes que ali estão envolvidos constituirão uma novidade para ele e ainda terá de lidar com eles para poder desenvolver seu trabalho.

Defendemos um ensino de qualidade também na EJA. Isso só será possível, entre outros fatores, com um profissional que tenha

---

7. Educação Infantil, Ensino Fundamental e Ensino Médio.

uma adequada formação para trabalhar com o alunado específico da EJA. Todavia, para tanto, fazem-se necessários bons cursos de formação e um maior entendimento sobre qual o papel da escola no trabalho junto a esse educador.

Lembremos que nossa Constituição garante o direito à educação para todos e com "igualdade de condições para acesso e permanência na escola" (BRASIL 1988, art. 206, § 1°). No entanto, a muitos indivíduos esse direito foi negado, em tempo apropriado. E não basta apenas o ingresso para os que agora têm acesso por meio da EJA; é preciso que se cumpram adequadamente os objetivos educacionais que, além de possibilitar o desenvolvimento pessoal, devem "[...] inserir os educandos nas forças construtivas do trabalho, da sociabilidade e da cultura" (SEVERINO 2001, p. 67).

A partir de tais reflexões, o problema central que norteou a pesquisa foi: *Quais as emoções e os sentimentos do professor, licenciando ou licenciado em Pedagogia, que trabalha pela primeira vez com a EJA, e quais as situações provocadoras desses sentimentos e emoções em relação à sua atividade profissional?* Com base nessa questão, conforme já exposto, o objetivo principal foi identificar as necessidades desse educador, no que se refere tanto à sua formação inicial, quanto ao auxílio que a escola deve dispensar-lhe nessa etapa profissional.

Como se observa, as questões afetivas foram priorizadas na pesquisa. Ao estudar a afetividade, há uma grande preocupação com a pessoa do educador que inicia na EJA. Assim sendo, a teoria de desenvolvimento do psicólogo francês Henri Wallon foi escolhida por considerarmos a mais adequada para dar suporte teórico à compreensão do problema levantado.

Em suma, essa teoria compreende o ser humano em sua totalidade, ou seja, tem como ponto principal a integração dos chamados conjuntos funcionais (afetividade, cognição, motricidade e pessoa) e a integração organismo-meio. Isso significa que ela possibilita o entendimento da pessoa não somente de um único ponto de vista, cognitivo, afetivo ou motor, mas sim, por meio da relação constante entre eles, o que resulta numa pessoa única. Além disso, o estudo walloniano valoriza o meio no qual o homem está inserido, pois ambos se influenciam reciprocamente, sendo essa característica de igual importância no seu processo de desenvolvimento (WALLON 1986). Dentro do *meio* existem os *grupos* e os *outros*[8] com os quais os indivíduos se relacionam, conceitos igualmente essenciais para se compreender a constituição humana.

Dessa forma, acreditamos que esse princípio de integração do homem nos ajuda a refletir sobre as emoções e sentimentos do professor em relação a seu trabalho, percebendo como eles e sua profissão o afetam, e como esta é afetada por ele.

Foram escolhidos quatro participantes para a referida pesquisa. As entrevistas foram realizadas individualmente e em momentos distintos. Dos professores escolhidos, três trabalhavam em diferentes Programas e um em uma escola da Rede Pública de Ensino que oferece a EJA[9]. Quanto à formação, dois professores eram formados e dois eram estudantes de Pedagogia. Além disso, dois educadores eram ingressantes na carreira do magistério e, portanto, também na EJA; e os outros eram novos somente na EJA, mas com experiência em diferentes áreas do magistério. Dessa maneira, todos eram iniciantes no trabalho com a modalidade de ensino ora discutida.

Após uma organização minuciosa das informações, uma discussão foi realizada de modo a possibilitar a análise e, consequentemente, proporcionando a chegada de alguns resultados. Para o presente artigo, reservou-se apenas um debate sobre parte desses resultados.

---

8. Para maior esclarecimento ver: "O papel do outro na consciência do eu" (artigo publicado originalmente em 1946, no *Journal Egyptien de Psycologie*, podendo ser encontrado mais recentemente em: WEREBE, M. J., NADEL-BRULFERT, J. [Orgs.]. *Henri Wallon*. Psicologia. São Paulo, Ática, 1986) e "Níveis de Flutuação do eu (artigo publicado originalmente na *Revista Enfance*, podendo ser encontrado em: WALLON, H. *Objectivos e métodos da psicologia*. Lisboa, Editorial Estampa, 1956).

9. Além dos cursos de EJA oferecidos em Escolas Regulares das Redes pública e particular, eles também são oferecidos em programas/projetos que envolvem instituições de pesquisa, sindicatos, sociedade civil etc.

## Analisando a perspectiva dos professores iniciantes na EJA sobre a atuação do coordenador pedagógico

Em referência às primeiras experiências na EJA, pudemos observar que os professores entrevistados avaliaram o trabalho do CP quando eles deram destaque à sua atuação repetidamente nos relatos, ainda que nenhuma questão específica sobre esse profissional tenha sido feita. Foram escolhidos alguns trechos das entrevistas para melhor elucidação. Comecemos pelos primeiros dias de atuação.

> Olha, eu participei uma vez (de uma reunião), logo na primeira semana que eu estava lá. Eu não gostei, não gostei de como eles, os coordenadores pedagógicos, explanaram, como eles explicaram o projeto (político-pedagógico). Eles fizeram uma reunião para os educadores. Na verdade eu não fui apresentada para o projeto [...]. Eu gostaria que eles tivessem um guia também porque o livro que eles têm é muito desatualizado, alguém orientando. Uma orientação de uma pessoa que tivesse experiência, que já tivesse dado aula, uma pessoa que desse essa orientação [...] (Professora 1).

> Isso (reuniões) é bem legal [...]. Então, tinha professores de cada sala e toda semana eles traziam alguma coisa, algum sucesso, algum insucesso da sala de aula e falavam um pouco sobre a semana. E isso era muito legal porque tinha o coordenador pedagógico mediando essa situação toda, intervindo quando precisava. Então, serviu bastante para eu entender esse movimento dentro da sala de aula de EJA. Ajudou bastante (Professora 2).

> A gente, primeiro, teve duas semanas de planejamento, de preparo, de estudo, e tal [...]. O encontro com a equipe, professores e coordenador, aqui foi muito interessante porque ela é super aberta, um pessoal que está disposto a ajudar um ao outro, ouve o que você tem a dizer, também dá sugestões. Eu acho que a equipe é bastante produtiva nesse sentido (Professor 3).

> Nós tivemos a reunião pedagógica para fazer o planejamento primeiro (no início do ano, antes de começarem as aulas). Nós temos reuniões das 17h35 até as 19 horas, de segunda a quinta.

De terça e quarta a gente discute experiências e segunda e quinta é a coordenadora quem decide a pauta. (...) Tem muita troca entre os professores. Isso ajuda, claro! (Professora 4).

Analisando o depoimento da "professora 1", notamos uma profissional principiante na carreira, agindo sem orientação e de forma isolada. Isso aconteceu porque, além de não ter experiência que lhe oferecesse alguma referência e tampouco formação específica, conforme relatou em outros momentos da entrevista, o CP não ofereceu nenhum auxílio que colaborasse com sua entrada na escola e tampouco com o desempenho de suas atividades.

Tal experiência deixou a professora triste, insegura e frustrada. Conforme recordam Mahoney e Almeida (2007, p. 17) sobre a teoria walloniana, a afetividade "refere-se à capacidade, à disposição do ser humano de ser afetado pelo mundo externo e interno por sensações ligadas a tonalidades agradáveis ou desagradáveis". Os sentimentos mais marcantes que permearam a entrada da docente foram os de tonalidade desagradável refletindo diretamente em sua atuação.

Notamos uma necessidade destacada pela "entrevistada 1" em sua fala, quando ressalta que orientações vindas do CP para o docente iniciante, logo em sua entrada em uma instituição de ensino, são características que deveriam fazer parte da prática do CP como forma de contribuição para guiar as ações do professor que não conhece a nova realidade em que atuará. No caso da EJA, as especificidades dessa modalidade são muitas vezes desconhecidas pelo professor devido à falta de formação na área, constituindo mais um fator de dificuldade na entrada. O relato revelou, porém, que não houve respaldo da coordenação para que a dificuldade fosse amenizada.

Nesse sentido, entendemos que tal demanda da professora entrevistada poderia ser atendida pelo CP, visto que ele não estaria se desviando de sua função. A literatura tem reforçado que a prática profissional do CP deveria estar mais direcionada à atuação com o corpo docente, mas essa característica não tem sido prática frequente nas escolas, visto que ele acaba fazendo muitas atividades que não são de sua competência.

Ao contrário da docente referida, no caso dos outros três professores, pudemos perceber que tiveram um amparo da equipe escolar nas primeiras atividades, possibilitado pela mediação do CP, e que continuam recebendo o apoio dela, tal como mostraram os depoimentos na íntegra. Notamos, assim, que o ambiente de trabalho na escola em que há troca de experiências entre os pares e auxílio da coordenação pedagógica possibilita que os professores sintam-se mais seguros e tranquilos para atuar. O bom clima institucional em que existe harmonia entre seus pares permite-nos afirmar que se trata de mais uma necessidade do professor principiante para que tenha uma entrada mais suave minimizando o choque e que, com isso, consiga ter melhor percepção da realidade na qual atuará e que possa desenvolver seu trabalho adequadamente.

A presença do CP foi marcante nos relatos desses três docentes, principalmente, no depoimento da "professora 2" como elemento de apoio, auxiliador do trabalho. Franco (2000) destaca o papel do CP junto ao professor iniciante como um profissional que pode auxiliá-lo na administração dos dilemas que aparecem no cotidiano escolar, proporcionando-lhe momentos de reflexão sobre aspectos relativos às suas crenças e dificuldades. Segundo o autor, compartilhando suas inseguranças, o novato pode diminuir tensões e buscar alternativas para situações conflitantes.

Desse modo, tais dilemas também devem ser tratados nas reuniões pedagógicas que se revelam como grandes colaboradoras na atuação do educador em geral e, principalmente, para aquele que trabalha pela primeira vez em uma determinada função. São nelas que os docentes terão a oportunidade de se encontrar e de trocar experiências, tudo sob orientação do CP que deve portar-se como mediador e não como um representante autoritário que irá apenas delegar atribuições. A propósito do CP como mediador, Placco e Souza (2010, p. 51) afirmam que:

> Ele é o profissional que deve ter acesso ao domínio das produções culturais gerais e específicas da educação, sobretudo as relativas ao ensino e à aprendizagem, apresentando-as aos professores, debatendo-as, questionando-as, com o intuito de transformar o modo como os professores pensam e agem sobre e com elas [...].

Portanto, no momento das reuniões, o CP também pode exercer, além do seu papel de formador, o papel de articulador da equipe escolar, contribuindo para que todos caminhem juntos para a mesma direção; e o de transformador, viabilizando reflexões sobre a prática individual e a do coletivo escolar possibilitando crescimento profissional e institucional.

Nas falas dos três professores cujas experiências são prazerosas, notamos a importância do grupo na constituição desses profissionais, na construção de seus saberes. Percebemos, nesses casos, que, nos grupos de educadores dos quais os entrevistados fazem parte, há uma harmonização em que seus membros buscam objetivos em comum. Nesse sentido, vemos uma participação ativa dos professores que ora podem identificar-se com as ideias dos grupos, ora podem assumir posturas individuais. Essa característica vai ao encontro da visão de Wallon (1986) sobre grupo, quando coloca que ele é indispensável ao indivíduo não somente para sua aprendizagem social, como também para o desenvolvimento individual.

De acordo com Wallon (1986), o individualismo e o espírito coletivo coexistem no grupo, antagônicos e complementares: espírito coletivo para atingir objetivos comuns e individualismo pelo desejo de cada um evidenciar sua participação. Nos grupos, pode haver repartição de tarefas, sendo que podem ocorrer hierarquias para realização das mesmas; podem existir iniciativa, comando, apoio, submissão, oposição etc. Assim, além do compartilhamento, os conflitos existem entre seus membros, visto que eles são inerentes aos grupos e são também constituintes da pessoa.

Contudo, a existência de conflitos não significa que os integrantes de uma equipe sigam para caminhos opostos. Nas instituições escolares, por exemplo, o grupo dos profissionais da educação pode caminhar para a mesma direção objetivando, principalmente, a aprendizagem dos alunos, função primordial da escola. O relato completo da "professora 1", todavia, leva-nos a crer que no grupo de professores e coordenadores do qual ela faz parte não existe essa característica, ou seja, falta uma harmonia que leve todos a atingir um objetivo comum.

Voltando à experiência da "professora novata 2", sabemos que ela contou com apoio dos colegas da instituição, como já mencionado. Isso contribuiu, nos primeiros dias de aula, e ainda continuou contribuindo fortemente para o trabalho com seus alunos em momentos posteriores, deixando-a mais segura mesmo em situações mais difíceis e conflitantes:

> Então, vou dar um exemplo da turma da minha sala. Tem uma aluna de 51 anos, ela é uma pessoa bem difícil. [...] Aí, ela faz tudo para me chamar atenção: às vezes ela é agressiva, contesta o que eu digo, eu falo uma coisa para a sala e ela fala que está errado [...]. Isso me afeta no ponto que atrapalha minha aula e atrapalha meus outros alunos. Isso me afeta bastante. Eu estou lidando com isso, dando a atenção que ela precisa, pelo menos na sala de aula. [...] A minha atitude que agora estou tomando, foi inclusive por causa do meu grupo (pares) e do coordenador pedagógico porque se eles não estivessem aqui para: "Olha, também tenho um caso desse na sala". Ou: "Aconteceu isso, e eu agi assim" [...]. Então, eu sei que não é comigo, mas isso até me tranquiliza mais, faz ter até mais paciência com ela. E, por outro lado, tem o coordenador pedagógico que diz que eu não posso perder a paciência, não posso ficar brava (Professora 2).

No depoimento descrito, vemos retratada uma situação de dificuldade, mas ao mesmo tempo de aprendizado da docente, proporcionado não apenas pela troca com os professores, mas inclusive pela troca com a aluna. O aprendizado pode acontecer tanto nas situações que causam sentimentos agradáveis quanto nas que causam sentimentos desagradáveis. Conforme a teoria walloniana, é na relação com o outro que os indivíduos tomam consciência de suas próprias dificuldades e limitações, e também das qualidades e capacidades. Lembremos que o indivíduo vai se constituindo nas relações interpessoais, e estas não acontecem de modo linear, há avanços, recuos, ganhos e perdas.

Além disso, também podemos perceber o CP trabalhando no sentido de articular o corpo docente como forma de contribuir para o trabalho da professora novata que está encontrando dificuldades na atuação. Percebemos, ainda, a importância do grupo de professores, contribuindo na constituição profissional e pessoal da docente.

A propósito da situação ora apresentada, é possível dizer que os professores iniciantes têm muita dificuldade em lidar com novas experiências em sala de aula por falha de formação e/ou falta de experiência. Essa realidade faz com que sentimentos de tonalidade desagradável, como: tristeza, insegurança, frustração etc., tomem conta de seu comportamento no momento que lidam com determinada situação. Assim, dizemos que a razão é ofuscada pela emoção em momentos difíceis. De acordo com os pressupostos wallonianos, em situações de imperícia, em que o indivíduo não possui habilidade ou experiência para agir, as emoções prevalecem. Nesse sentido, é interessante observar dois pontos sobre os estudos de Wallon esclarecidos por Mahoney e Almeida (2005, p. 6):

> [...] o início de qualquer aprendizagem nova caracteriza-se pelo sincretismo, passando gradativamente para a diferenciação; o período do sincretismo caracteriza-se pela imperícia, que será substituída gradativamente pela competência ao acompanhar o processo de diferenciação.

Esse aspecto de *sincretismo passando para a diferenciação* pode ser percebido com o passar do tempo, quando o professor conhece melhor seus alunos, quando entende como desenvolver algumas atividades, quando vai trocando experiências com os pares etc., enfim, quando vai encontrando melhores maneiras de atuar por meio do aprendizado cotidiano. Todavia, o aprendizado não precisa ser árduo, pode ser facilitado pela própria formação e pelo respaldo que recebe do meio de trabalho do qual faz parte, daí a importância de bons cursos de formação e de uma equipe gestora que possibilite o amparo que o iniciante necessita.

Outro ponto precisa ser colocado em evidência a respeito da aprendizagem do iniciante. O aprendizado que acontece na fase inicial da carreira docente é de extrema importância para todo o desenvolvimento profissional do professor, uma vez que é nessa etapa que se construirão as bases dos seus saberes para atuação, conforme destaca Tardif (2002). Tal característica precisa ser de conhecimento do CP que atuará com aquele profissional contribuindo positivamente com a constituição de seus saberes por meio do processo formativo.

Nesse sentido, estudos que tratam da entrada na carreira docente podem oferecer informações que contribuam para melhor reflexão sobre essa fase e, consequentemente, para melhor maneira de atuação dos que iniciam, bem como daqueles que trabalham junto a eles, entre os quais se encontra o CP.

Vale reforçar que não são somente os primeiros dias da atuação docente que serão marcantes para o professor, mas também os primeiros anos que se seguirão. Serão marcantes na constituição profissional, quer venham de experiências bem-sucedidas ou malsucedidas, visto que elas efetivamente deixarão marcas profundas na maneira como se pratica a profissão, conforme reforça Cavaco (1995). Dependendo da repercussão que essa vivência cause no profissional, levando também em conta sua formação, o apoio que recebe no ambiente de trabalho e sua experiência de vida, pode representar um aprendizado para sua atuação, mas também um fracasso e, neste último caso, podendo fazer com que abandone a profissão.

O abandono é tema abordado por diversos estudiosos, como Lapo e Bueno (2003), que vêm confirmando que os baixos salários, precariedade nas condições de trabalho, desprestígio profissional, sobrecarga de trabalho etc., estão entre as principais causas do abandono da profissão docente. No entanto, estudos que se preocupam em discutir o início da carreira (FEIMAN-NEMSER 2001; MARCELO GARCIA 2011), mostram que as dificuldades específicas dessa etapa também provocam no iniciante um descontentamento podendo fazer com que desista de continuar na profissão.

Dessa forma, referente à discussão sobre a carreira docente, um olhar mais atento à entrada na profissão também se mostra necessário. Políticas públicas e algumas iniciativas em âmbito internacional e nacional estão se voltando cada vez mais sobre esse aspecto, adotando medidas que auxiliem o professor iniciante com o intuito de contribuir com o ingresso e a permanência desse educador, conforme nos informam Calil, Ambrosetti e Almeida (2012).

Entretanto, entendemos que tais medidas devem ser elaboradas de acordo com as necessidades do professor iniciante e as particularidades da realidade que envolve seu trabalho, ou seja, devem ser formuladas observando as reais demandas dos professores; o nível ou modalidade de Ensino em que atuam (Educação Infantil; Ensinos Fundamental, Médio ou Superior; EJA etc.); e o local no qual a instituição de ensino está inserida, respeitando as suas especificidades.

Entendemos, ainda, que, para que essas propostas tenham êxito, dois fatores devem ser considerados: um diz respeito à continuidade das políticas públicas educacionais, visto que, no Brasil, a descontinuidade das políticas é frequente, conforme ocorre mudança de administração; outro se refere ao pleno conhecimento, por parte da equipe gestora de cada escola, das propostas adotadas, já que é ela que deve se encarregar da mediação entre estas e o corpo docente.

Os professores iniciantes na EJA da pesquisa aqui apresentada relataram suas necessidades em relação à sua entrada no trabalho com a EJA, destacando diferentes elementos. Para este artigo, foram trazidos os elementos referentes ao CP, devido ao grande enfoque dado a ele pelos professores, ainda que nenhuma questão específica sobre esse profissional tenha sido feita. Os docentes avaliaram, mesmo que implicitamente, a atuação do CP, oferecendo-nos algumas dicas para melhorar a atuação deste.

## Considerações finais

Os depoimentos confirmaram que, além de formação adequada, os docentes precisam de apoio de seus pares para sua atuação na EJA. Os professores novos entrevistados, mesmo os que já tinham experiência profissional em outros níveis de ensino, mostraram tal necessidade e, ainda, a importância de que o apoio seja mediado pelo CP. Isso pôde ser evidenciado quando os professores avaliavam implicitamente os CPs das escolas onde atuavam, aspecto que perpassou suas falas.

As reuniões pedagógicas também se revelaram muito valiosas para os iniciantes. Percebemos que as que acontecem no começo do ano são importantes não só para o planejamento das atividades, mas também para acolher o novo professor; para apresentar as particularidades da modalidade de ensino, juntamente com o projeto político-pedagógico da escola, contribuindo para direcionar o trabalho do docente; e para promover interação entre os educadores. As que acontecem no decorrer do ano letivo, igualmente são importantes porque possibilitam trocas constantes de experiências, uma vez que todos podem compartilhar suas vivências na escola contribuindo para a atuação.

Lembrando, no entanto, que tais características são possíveis na presença de um CP que atue no sentido de mediar as reuniões, representando um elo entre os professores e a proposta da escola e contribuindo para que os próprios docentes discutam suas ideias e criem novas, objetivando a aprendizagem dos alunos. Enfim, o bom andamento das atividades com os professores é facilitado quando o CP consegue exercer seu papel de formador, articulador e transformador.

Esse fator contribui fortemente tanto com os docentes mais experientes, quanto para os que estão em início da carreira ou no início de uma função, visto que um ambiente de trabalho agradável deixa os professores mais tranquilos e, principalmente, mais seguros na atuação.

Entendemos a importância de ouvir primeiramente os professores antes que propostas sejam incorporadas na escola. As instituições públicas, privadas, não governamentais que oferecem a EJA precisam estar atentas aos seus profissionais. Muitas vezes são introduzidas propostas de ensino sem que se ouçam seus professores, que são os que atuam diretamente com o alunado. Além disso, algumas dessas escolas deixam de oferecer amparo profissional ao trabalho do educador ou deixam de promover a troca entre seus membros, não viabilizando, desse modo, uma educação mais integrada e, consequentemente, com mais qualidade. Foi ouvindo alguns professores iniciantes que a pesquisa apresentada pôde vislumbrar algumas de suas necessidades e algumas possibilidades para melhorar a atuação do CP junto a esses educadores.

## Referências

BRASIL/MINISTÉRIO DA EDUCAÇÃO. *Constituição da República Federativa do Brasil.* Brasília, Ministério da Educação, 1988.

CALIL, A. M. G. C, AMBROSETTI, N. B., ALMEIDA, P. A. Desafios enfrentados no processo de iniciação à docência. III CONGRESO INTERNACIONAL SOBRE PROFESORADO PRINCIPIANTE E INSERCIÓN PROFISIONAL A LA DOCENCIA. Santiago/Chile, 2012.

Campos, E. F. E. *A coordenação pedagógica em questão*: diálogos nos círculos de debates. Tese de Doutorado (Educação). Faculdade de Educação da Universidade de São Paulo, São Paulo, 2010.

Cavaco, M. H. Ofício de professor: o tempo e as mudanças. In: Nóvoa, A. (org.). *Profissão Professor*. Porto, Porto Editora, 1995, p. 84-107.

Feiman-Nemser, S. From preparation to practice: Designing a Continuum to strengthen and sustain teaching. Teachers College Record, 103(6), 1013-1055, 2001. Disponível em: <http://www.tcrecord.org/Content.asp?ContentId=10824>. Acesso em: out. 2013.

Franco, F. C. O coordenador pedagógico e o professor iniciante. In: Bruno, E. B. G., Almeida, L. R., Christov, L. H. da S. *O coordenador pedagógico e a formação docente*. 9. ed. São Paulo, Loyola, 2000, p. 33-36.

Groppo, C. *De professor para professor-coordenador*: emoções e sentimentos envolvidos na mudança. Dissertação de Mestrado (Psicologia da Educação). Pontifícia Universidade Católica de São Paulo, São Paulo, 2007.

Huberman, M. O ciclo de vida profissional dos professores. In: Nóvoa, A. (org.). *Vida de Professores*. 2. ed. Porto, Porto Editora, 2007, p. 31-62.

Lapo, F. R., Bueno, B. O. Professores, desencanto com a profissão e abandono do magistério. *Cadernos de Pesquisa*, n. 118 (mar. 2003) 65-88.

Lima, E. F. (org.). *Sobrevivências*: no início da docência. São Paulo, Liber Livro, 2006.

Mahoney, A. A., Almeida, L. R. Afetividade e processo de ensino-aprendizagem: contribuições de Henri Wallon. *Psicologia da Educação*: revista do programa de estudos pós-graduados PUC-SP, vol. 20 (1º sem. 2005) 15-28.

Marcelo Garcia, C. *Formação de professores*: para uma mudança educativa. Porto, Porto Editora, 1999.

Mariano, A. L. S. *A construção do início da docência*: um olhar a partir das produções da ANPED e do ENDIPE. Dissertação de Mestrado (Educação). Universidade Federal de São Carlos, São Carlos, 2006.

Miziara, L. A. S. A. *A coordenação pedagógica e a práxis docente*. Dissertação de Mestrado (Educação). Universidade Católica Dom Bosco, Campo Grande, 2008.

Papi, S. O. G., Martins, P. L. O. Professores iniciantes: as pesquisas e suas bases teórico-metodológicas. *Linhas Críticas*, Brasília, v. 14, n. 27 (2009) 251-269.

Placco, V. M. N. S., Souza, V. L. T. Diferentes aprendizagens do coordenador pedagógico. In: Placco, V. M. N. S., Souza, V. L. T. *O coordenador pedagógico e o atendimento à diversidade*. São Paulo, Loyola, 2010, p. 47-61.

Placco, V. M. N. S., Almeida, L. R., Souza, V. L. T. O coordenador pedagógico e a formação de professores: intenções, tensões e contradições. *Estudos e Pesquisas Educacionais*, São Paulo, n. 2 (nov. 2011) 225-285.

SEVERINO, A. J. *Educação, sujeito e história*. São Paulo, Olho d'Água, 2001.
SOARES, L. (org.). *Formação de Educadores de Jovens e Adultos*. Belo Horizonte, Autêntica, 2006.
TARDIF, M. *Saberes docentes e formação profissional*. Petrópolis, Vozes, 2002.
WALLON, H. A. *A Evolução Psicológica da Criança*. São Paulo, Martins Fontes, 2007.
\_\_\_\_\_. Os meios, os grupos e a psicogênese da criança. In: WEREBE, M. J. G., NADEL-BRULFERT, J. (org.). *Henri Wallon*. São Paulo, Ática, 1986, p. 168-178.

# A avaliação como recurso articulador do trabalho do coordenador pedagógico: revisitando a experiência dos ginásios vocacionais. Contribuições para a atualidade

Moacyr da Silva[1]
rmoasilva@yahoo.com.br

Neste capítulo, procuraremos resgatar a experiência do Ginásio Vocacional[2] em relação a um dos temas mais polêmicos e complexos para os professores e demais "especialistas" da educação: o processo de avaliação do aluno.

Uma série de questões relativas ao processo de avaliação tem se apresentado ao longo dos anos, destacando-se, entre outras:

- professores que defendem a reprovação do aluno como um dos importantes fatores para a melhoria da qualidade do ensino;

---

1. Doutor em Psicologia da Educação pela Pontifícia Universidade Católica de São Paulo – PUC-SP.
2. Trata-se de uma experiência de renovação do ensino proposta pela Secretaria de Educação do Estado de São Paulo, na década de 1960 e início de 1970. Os ginásios estaduais vocacionais iniciaram-se em comunidades com características muito diferentes. O Ginásio Vocacional "Oswaldo Aranha" estava localizado numa área metropolitana altamente industrializada, no Brooklin, em São Paulo; o Ginásio Vocacional de Americana, em um parque industrial, no setor têxtil, em crescimento; o de Barretos, em uma área com predomínio da economia agropecuária; o de Batatais, em um município caracterizado como agrícola; e o de Rio Claro, claramente marcado pela importância do entroncamento ferroviário.

- docentes que não percebem o vínculo da avaliação com o processo de ensino-aprendizagem;
- grande parte dos educadores tem interpretado a questão dos "ciclos" como aprovação automática;
- muitos professores e especialistas da educação têm dado ênfase à reprovação como elemento saneador dos problemas de conduta ou indisciplina dos alunos, chegando mesmo a valorizar os mecanismos de transferência compulsória ou "expulsão" de alguns deles;
- excessiva valorização dos aspectos "quantitativos" em detrimento dos qualitativos;
- crença e defesa da avaliação como instrumento de classificação e seleção dos alunos para a orientação e formação das classes e turmas.

Estas são algumas questões que até hoje permeiam o ideário educacional e, vale ressaltar ainda, as relacionadas à "prova". Em particular, aquela que, aplicada em horário e calendário especial, se revela como o principal instrumento de avaliação do rendimento escolar. O resultado, traduzido em notas atribuídas unilateralmente pelos professores, muitas vezes sequer permite o direito de questionamento por parte dos alunos.

Em função das "notas", a direção ou a Coordenação elabora um gráfico de aproveitamento da classe em cada disciplina e em cada bimestre. Os gráficos são, em algumas escolas, analisados nos Conselhos de Classe para comparar os resultados com as diversas disciplinas e também diagnosticar e classificar os alunos em "fracos", "médios" e de bom aproveitamento. Estabelecem-se poucas (ou quase nenhuma) diretrizes para "recuperar" os alunos de "fraco" aproveitamento. No geral, estes estão fadados à reprovação, muitas vezes, já detectados e estigmatizados desde o primeiro bimestre.

E há que se mencionar ainda os exames finais e as dificuldades que os alunos encontram para a "revisão" de suas provas e notas, como se estas não lhes pertencessem. Acrescente-se ainda a dificuldade que alguns professores apresentam em relação à devolutiva da "prova" ou do "exame" ao aluno. A direção ou a Coordenação precisam investir enorme esforço para que o professor entenda que a correção e os seus critérios constituem-se em significativas situações de aprendizagem, pois o aluno poderia aprender com a compreensão do erro. Some-se a isso a dificuldade de muitos professores em compreender que o principal objetivo da prova constitui-se em um dos instrumentos para o aluno conhecer o seu progresso ou as suas dificuldades, visando superá-las ou melhorar o seu desempenho.

Muitas das questões explicitadas acima eram apresentadas pelos Orientadores Pedagógicos e Educacionais dos Ginásios Vocacionais aos professores que assumiam aquela experiência, como provocação, incitando-os à reflexão, ao debate, ao diálogo e à busca de novos caminhos para a construção de um novo sistema de avaliação.

Essas questões norteavam a dinâmica dos Conselhos Pedagógicos que, nos Vocacionais, eram sistemáticos, semanais. Constituíam também o passo inicial do CP na sua função articuladora no trabalho com os professores. Assim, apresento-as como "desafio" à reflexão e diálogo para os educadores da atualidade, que têm manifestado certa apreensão em relação à avaliação da aprendizagem, e também como contribuição para aguçar a curiosidade em relação à experiência do Ginásio Vocacional.

O processo de avaliação no Vocacional era resultado de uma atitude contínua de todo o trabalho planejado. Parte intrínseca do processo de ensino-aprendizagem era a constatação da correspondência entre a execução do trabalho e seu planejamento.

Havia uma clareza na compreensão dos diferentes conceitos de mensuração e avaliação. A mensuração vinculava-se aos aspectos quantitativos, resultando em notas numéricas de "zero" a "dez". E no Vocacional, com ênfase nos aspectos qualitativos, a síntese das avaliações era traduzida em menções. Era a autêntica constatação do que viria a enfatizar, muitos anos depois, a pesquisadora e educadora Bernadete A. Gatti (2003, p. 111).

> A avaliação daqueles a quem se propôs a ensinar algo também traz informações sobre como se procurou ensinar esse "algo". Alguém atuou neste "como": o professor. Então, o melhor indicador da realização de uma atividade de ensino é o nível em que nela, pela ação docente, se promove o crescimento geral dos alunos: cognitivo, afetivo, motor, atitudinal, comunicacional, valorativo etc.

A avaliação no Vocacional, sempre qualitativa, incidia principalmente sobre os objetivos. Considerava o desenvolvimento dos alunos nas suas habilidades, atitudes, participação, responsabilidade, domínio dos conteúdos, respeitando-se o ritmo de cada um e as diferenças individuais, evitando-se critérios comparativos.

Assim, era fundamental que os professores, no início de cada atividade, explicitassem os objetivos propostos, para que, ao seu término, os alunos pudessem avaliá-la e avaliar a si próprios.

O exercício da autoavaliação era uma constante em todo o processo de ensino-aprendizagem e, progressivamente, das séries iniciais para as mais avançadas, os educandos iam se libertando do parecer do professor, o que evidenciava o caráter de emancipação da avaliação. Os alunos eram incentivados a assumir suas responsabilidades diante de suas atitudes e, consequentemente, iam construindo seu processo de cidadania.

Autores como Gardner (1994), Zabala (1998), Gimeno Sacristán e Pires Gomes (1998) e Perrenoud (2000), citados em Rovai (2005, p. 101), no tocante à avaliação, afirmam que

> [...] deve haver a promoção não só do desenvolvimento cognitivo, afetivo, social e motor, mas a orientação para a descoberta de seus talentos ou o desenvolvimento de competências por meio da realimentação permanente.

Nota-se, pelo discurso desses teóricos, quanto a experiência do Vocacional era avançada, considerando-se a época de sua realização e, ainda, quanto os educadores da atualidade podem dela se valer, não com a pretensão de reprodução, mas, sim, como desafio para a construção e reconstrução da escola de hoje, e com ela repensar e refletir sobre o processo de avaliação dos alunos.

Evidenciava-se, assim, uma das funções articuladoras e, ao mesmo tempo, transformadora dos orientadores pedagógicos e educacionais no trabalho com o coletivo de professores e dos alunos em relação ao processo de avaliação, considerado revolucionário para a época. A ênfase na valorização dos fatores qualitativos manifestados em cada atividade era traduzida em menções: A, B, C e D, como síntese do processo.

Conforme enfatizado, no Vocacional, a avaliação era parte fundamental do processo educativo, pois favorecia, sobretudo, a atitude constante de reflexão por parte dos professores. O processo de avaliação, além de ser contínuo e integrado às atividades de ensino-aprendizagem, era global. Todas as atividades curriculares desenvolvidas eram avaliadas.

Para os alunos, consistia, entre outros, em momentos de significativa importância para a revelação e o conhecimento das suas habilidades, competências e aptidões. Para os professores, representava oportunidade para perceber a consecução dos objetivos e redimensionar as suas práticas e dinâmicas em função do processo de aprendizagem dos alunos.

A avaliação como parte integrante do processo de ensino-aprendizagem ocorria de forma natural, espontânea, com a utilização de diferentes linguagens e instrumentos. Possibilitava o exercício das noções fundamentais propostas por Schön (2000): conhecimento na ação, reflexão sobre a ação e na ação, como professores reflexivos formando alunos e cidadãos críticos.

Conforme salientado anteriormente, toda atividade era avaliada pelos alunos e professores. Assim, era comum, ao término das atividades, os alunos se avaliarem e serem avaliados pelos colegas da equipe. A autoavaliação e a heteroavaliação consistiam muito mais em avaliações qualitativas e contínuas, completamente desvinculadas das questões de aprovação ou reprovação que os alunos já traziam impregnadas da vivência na escola primária.

A avaliação, por ser um dos temas de fundamental importância na formação continuada dos professores, que tinha como "lócus" a própria escola, era continuamente trabalhada com eles e a equipe de Orientadores — Educacional e Pedagógico, durante os Conselhos Pedagógicos, conforme já enfatizado.

Era parte integrante do processo de ensino-aprendizagem e avaliava-se o aluno por inteiro, conforme bem observa a Orientadora Educacional Maria da Glória Pimentel, que atuou no Ginásio Vocacional "Oswaldo Aranha", da capital:

> [...] com o intuito de auxiliar o aluno na sua evolução, na sua aprendizagem, no seu aprofundamento, no desenvolvimento de sua consciência (consistia em) observar o seu desenvolvimento e a sua formação e registrar essas observações na célebre FOA — Ficha de Observação do Aluno (...). Então a FOA trazia a descrição do aluno em cada uma das áreas. Era uma descrição dele trabalhando, estudando, dele em sala de aula, em seu processo de aprendizagem (...) era ele próprio se examinando e sendo observado pelos professores. Evidentemente, além da FOA, havia outras avaliações (ROVAI 1996, p. 378).

As observações registradas por todos os professores da classe e de todas as áreas (conjunto das disciplinas que estruturavam o currículo) possibilitavam traçar o perfil, o retrato psicoescolar de cada aluno. Estas observações, que diziam respeito ao estágio de desenvolvimento individual do aluno, somente a ele pertenciam e eram trabalhadas com eles nas entrevistas com os Orientadores Pedagógicos e Educacionais, em estreito cumprimento ético. Evidenciava-se a função articuladora dos Orientadores com o coletivo dos professores que enfatizavam a avaliação como processo qualitativo e parte importante do projeto pedagógico em ação. Procurava-se acompanhar todos os aspectos do desenvolvimento de cada educando, ou seja, o físico-motor, o afetivo-emocional, o cognitivo, o social. As observações dos professores incidiam sobre essas dimensões sistematicamente delineadas nos objetivos educacionais dos planos de ensino bimestrais e procuravam visualizar o aluno no seu "todo", no seu processo global de desenvolvimento.

Ao término de cada bimestre, as FOAs eram entregues aos Orientadores Educacionais, que elaboravam a síntese das observações em cada dimensão do desenvolvimento da personalidade de cada aluno, possibilitando uma visualização de seu progresso ou déficits ou estagnação em relação àqueles aspectos (físico-motor, afetivo-emocional, social, cognitivo), evitando-se, contudo, qualquer critério de comparação.

Obtinha-se, assim, também, a visão da dinâmica de cada classe e, conforme salientado, em estreito cumprimento ético em relação às diferenças individuais. Em função do diagnóstico da turma, avaliava-se o alcance dos objetivos trabalhados em cada atividade e estabeleciam-se os novos objetivos para as unidades subsequentes. Dessa forma, esse tipo de avaliação integrado ao exercício da reflexão permitia ao aluno o melhor conhecimento de suas possibilidades, aptidões e habilidades, bem como o desenvolvimento de uma consciência crítica a respeito de si mesmo e da sociedade. Ao professor, possibilitava a visão de cada aluno, da classe e, ao mesmo tempo, permitia obter elementos objetivos para avaliar e redimensionar o seu próprio trabalho, a sua atuação na construção e reconstrução contínua do seu plano de ensino e do projeto político-pedagógico da escola. Sempre com a mediação dos Orientadores, o professor ia se construindo e reconstruindo pessoal e profissionalmente, assumindo uma nova postura na implantação de um novo processo de avaliação como forma de acompanhamento do aprendizado e do desenvolvimento das competências, habilidades e aptidões dos alunos[3]. Precisavam se desvencilhar das formas e práticas mais tradicionais de avaliação em que haviam sido anteriormente formados e que caracterizavam a sua atuação, quando iniciavam a experiência no Vocacional.

A avaliação, por ser um dos temas de fundamental importância na formação continuada dos professores, era sistematicamente trabalhada com eles e a Equipe de Orientadores nos Conselhos Pedagógicos, conforme bem observa a Profª. Louvercy:

> [...] O tempo todo o professor era obrigado a refletir. E não só o professor, o aluno, nós todos estávamos refletindo. Os alunos estavam refletindo sobre o seu desempenho, sobre o seu desenvolvimento, a cada aula. A avaliação realmente era contínua, diária. Os alunos estavam refletindo sobre o seu progresso diariamente. Os professores também, porque como tudo era novo, o professor precisava de parâmetros, precisava de elementos para sentir como é que estava o seu trabalho. E nós, orientadores, também éramos constantemente avaliados e refletíamos sobre essa avaliação

---

3. Evidenciavam-se, pois, as funções articuladoras, formadoras e transformadoras dos Orientadores nesse processo.

(Profa. Louvercy Lima Olival, Orientadora Pedagógica do Ginásio Vocacional João XXIII, de Americana, in SILVA 1999, p. 189).

É interessante observar ainda que, resultante dos registros dos professores nas FOAs, a síntese elaborada pelos Orientadores em função das aptidões reveladas permitia caracterizar os alunos em teóricos, teórico-práticos ou práticos, pois as inúmeras atividades oferecidas pelas áreas do currículo possibilitavam o desenvolvimento dessas dimensões da personalidade. Dialogadas com os alunos, resultavam em importante instrumento de Orientação Vocacional, pois a síntese dos registros oferecia os elementos que iriam nortear as futuras opções profissionais e a continuidade dos estudos ao término do curso ginasial (8ª série, atualmente 9º ano).

Quase sempre as entrevistas dos alunos com os Orientadores para conhecimento das sínteses de Orientação Vocacional eram acompanhadas pelos pais, que manifestavam grande interesse em conhecer o perfil e as possibilidades de escolhas dos futuros cursos e profissões por parte de seus filhos.

A educadora Áurea Sigrist, que foi Orientadora Educacional e Diretora do Ginásio Vocacional de Americana, refere-se à escolha do termo vocacional não como relacionado à profissão, mas como palavra que revela a intenção de "formar homens livres, críticos e criativos, de modo que pudessem arquitetar sua vocação ontológica de ser humano" (MONCAU, Gabriela. Vocacionais, breve história de uma utopia formadora. *Adusp*, n. 56 [2014] 55).

Evidenciava-se, assim, mais uma vez, a importância dos registros das observações consignados nas FOAs, ao longo do ano e no conjunto das séries cursadas, favorecendo toda a atividade de orientação vocacional.

Ao término de cada ano letivo, como ocorria em todas as escolas, tínhamos no Vocacional o Conselho Pedagógico, destinado à síntese do processo de avaliação dos quatros bimestres, de cada série e de cada aluno. Não se tratava, entretanto, de um julgamento para decidir e discutir a questão do aprovo/reprovo este ou aquele aluno, como ocorria em muitas escolas. Era o espaço e momento significativo da apresentação dos perfis, da evolução, do progresso de todos os alunos da série, em relação às dimensões da personalidade (físico-motora, emocional-afetiva, social e cognitiva) bem como das competências, habilidades, aptidões e atitudes que haviam sido trabalhadas em todas as atividades curriculares durante o ano[4].

Conforme já enfatizado, as atividades de cada área do currículo eram muito diversificadas e dinâmicas; consideravam sempre a interdisciplinaridade vinculada aos temas propostos nas Unidades Pedagógicas bimestrais e suscitavam a participação, o envolvimento e o compromisso dos alunos, individual e coletivamente, pois o trabalho em equipe era uma constante. Na autoavaliação, o professor podia observar essas atitudes manifestadas pelos alunos somadas aos interesses, motivação e prazer que tiveram no desenvolvimento das atividades. Era a realização da proposta que Paulo Freire (1997, p. 71) viria apresentar alguns anos depois.

> O ideal é que, cedo ou tarde, se invente uma forma pela qual os educandos possam participar da avaliação. É que o trabalho do professor é o trabalho do professor com os alunos e não do professor consigo mesmo.

Assim, se avaliar implica quase sempre juízo de valor, no Vocacional o melhor juiz era a consciência de cada aluno quando se avaliava e se colocava de maneira natural, espontânea, autêntica, sem traumas ou ansiedade.

Notava-se, muitas vezes, na avaliação da equipe, que alguns eram extremamente exigentes em relação às suas potencialidades, revelando-se até perfeccionistas, e outros apresentavam certas dificuldades e resistências em conhecer as suas limitações. Essas atitudes eram postas e discutidas pelos membros da equipe e muito contribuíam para a compreensão desses fatores tão significativos para o desenvolvimento do autoconceito e da construção da identidade de cada educando. Vale acrescentar, ainda, que todas as equipes

---

4. As atividades de "recuperação" eram contínuas, propostas como desafios para vencer as dificuldades a partir das sínteses bimestrais.

eram mistas, o que contribuía para o respeito e a valorização da independência e autonomia do sexo oposto, numa época em que a sociedade era extremamente machista.

Desvinculadas das "notas" e trabalhando-se na dinâmica das equipes, a cooperação e a solidariedade sobrepunham-se à competição e ao individualismo, valores que iam se opondo aos da comunidade. Procurava-se incentivar o comportamento de autenticidade na compreensão das próprias dificuldades, interesses e competências revelados em cada situação do processo de ensino-aprendizagem.

Evidenciavam-se, assim, em vários momentos do trabalho coletivo, as funções articuladoras do CP e de efetivas contribuições aos educadores que iam se desvencilhando das atitudes tradicionais em relação às provas e exames e se constituíam em sujeitos da construção do novo sistema de avaliação compatível e mais coerente e integrado ao projeto pedagógico da unidade escolar.

Podia-se observar que esse sistema iniciava-se com o exame de admissão dos alunos ao ginásio, pois, naquelas décadas, ainda existia a seleção para o curso ginasial. Os chamados exames de admissão no Vocacional constituíam-se muito mais em uma avaliação diagnóstica e instrumento de garantia da representatividade democrática da comunidade ao acesso à escola pública.

Considerando-se a estratificação social, a maior porcentagem de ingressantes era reservada à classe socioeconômica mais baixa: classe "C", denominada pelos economistas, e sequencialmente às classes B e A.

O exame de admissão poderia ser considerado o passo inicial para a construção subsequente de todo o processo de avaliação qualitativa que iria ocorrer nas quatro séries do curso ginasial. Ressalte-se que no Vocacional o índice de evasão e repetência em cada série era mínimo.

Com base no exposto, vale enfatizar como contribuições aos educadores de hoje a necessidade de, coletivamente, em cada unidade escolar, repensar e construir um sistema de avaliação que considere a realidade de cada clientela. O sistema de avaliação não pode estar desvinculado do processo de ensino-aprendizagem e do projeto político pedagógico da escola.

Reitera-se também a importância das funções articuladoras do CP, em seu papel fundamental de instigar os professores ao exercício da reflexão na condução do processo avaliativo e ao desapego à prova ou exames como se fossem os mais importantes instrumentos de avaliação do aluno. E que, como enfatiza Gatti (2003, p. 102),

> [...] cada professor possa criar e ajustar procedimentos avaliativos que sejam os mais adequados aos seus objetivos de ensino, à linguagem dos conteúdos tratados e à linguagem de seus alunos, e que possam contribuir não só para situar o grupo de alunos e cada aluno face à sua aprendizagem, mas também para estimular esta aprendizagem.

Ressalte-se também a necessidade de dar ênfase à reflexão sobre a complexidade da avaliação, visto que esta não pode ocorrer de forma isolada, ou como um apêndice ao Projeto Político Pedagógico da unidade escolar. Ela é a parte intrínseca a ele e, como tal, exige muitas vezes mudanças nas convicções ou postura do professor, mudanças não apenas relacionadas à avaliação mas também ao ensino e à natureza da aprendizagem. Muitos se sentem inseguros em relação às mudanças, acreditando afetar a sua autoridade na sala de aula, mas, novamente nos valemos das observações de Paulo Freire (1986, p. 115).

> Para mim o importante é que o professor democrático nunca, realmente nunca transforme a autoridade em autoritarismo. Ele nunca poderá deixar de ser uma autoridade, ou de ter autoridade. Sem autoridade é muito difícil modelar a liberdade dos estudantes.

E podemos destacar que o professor do Vocacional, democrático na sua conduta, era uma autoridade pelos conhecimentos e pela coerência na vivência dos valores éticos e democráticos nas relações com os pares e com os estudantes.

Das inquietações iniciais postas pelas questões provocativas, com o objetivo de incentivar o exercício da reflexão sobre a avaliação do aluno na sala de aula, vale ressaltar ainda que a reprovação, nos dias de hoje, apresenta-se como um dos principais fatores da evasão escolar de crianças, adolescentes e jovens da educação básica. A evasão tem de ser levada em grande consideração por todos nós educadores, pois temos clareza de suas nefastas consequências no que tange à formação da cidadania e aos graves problemas sociais que a falta de escolaridade acarreta. Em decorrência desses evidentes problemas temos de associar ainda a discussão e a reflexão sobre nossa responsabilidade quanto ao direito de todos à escola, à permanência e à educação de qualidade, e quanto essas questões estão vinculadas ao sistema e aos instrumentos de avaliação que resultam na classificação, seleção e exclusão dos alunos. Como educadores democráticos como foram os do Vocacional, não podemos ficar alheios a estes graves problemas.

## Referências

CHIOZZINI, Daniel F. *História e Memória da Inovação Educacional no Brasil:* o caso dos ginásios vocacionais (1961-1970). Curitiba, Editora Appris, 2014.

FREIRE, P., IRA, S. *Medo e Ousadia:* o cotidiano do professor. Rio de Janeiro, Editora Paz e Terra, 1986.

FREIRE, P. *Pedagogia da autonomia:* saberes necessários à prática educativa. São Paulo, Editora Paz e Terra, 1997.

GATTI, B. A. Avaliação Educacional. *Revista da Fundação Carlos Chagas*, São Paulo, n. 27 (jan./jun. 2003).

MONCAU, Gabriela. Vocacionais, breve história de uma utopia formadora. *Revista Adusp* (Associação dos Docentes da USP), n. 56 (mar. 2014) 55.

PLACCO, V. M. N. S., ALMEIDA, L. R. (orgs.). *O coordenador pedagógico:* provocações e possibilidades de atuação. São Paulo, Loyola, 2012.

SECRETARIA ESTADUAL DE EDUCAÇÃO SÃO PAULO. *Planos Pedagógicos e Administrativos dos Ginásios Vocacionais do Estado de São Paulo*. Serviço do Ensino Vocacional, 1969.

ROVAI, E. (org.). *Ensino Vocacional:* uma pedagogia atual. São Paulo, Cortez, 2005.

SILVA, M. da. *A formação do professor centrada na escola:* uma introdução. São Paulo, EDUC, 2002.

SCHÖN, D. A. *Educando o profissional reflexivo:* um novo *design* para o ensino e a aprendizagem. Tradução de Roberto Cataldo Costa. Porto Alegre, Artes Médicas Sul, 2000.

# Em busca de uma formação para a transformação: um estudo realizado com o CEFAPRO de Cáceres/MT

**Rinalda Bezerra Carlos**[1]
rinaldabc@terra.com.br
**Vera Maria Nigro de Souza Placco**[2]
veraplacco@pucsp.br

Este artigo apresenta os resultados da pesquisa de doutorado que investigou em que medida a proposta de formação continuada desenvolvida pelo Cento de Formação e Atualização do Profissional da Educação Básica — CEFAPRO — de Cáceres/MT atende às necessidades formativas dos coordenadores pedagógicos (CPs) das escolas públicas estaduais. Esta inquietação partiu do pressuposto de que a coordenação pedagógica possui especificidades inerentes à função, que interferem na constituição identitária do profissional. Disso decorre a necessidade de compreender os movimentos constitutivos dessa identidade, com vistas a contribuir com o processo de desenvolvimento profissional deste segmento.

O Estado de Mato Grosso conta com 15 centros de formação, dentre os quais se encontra o CEFAPRO de Cáceres, que atende aproximadamente 80 coordenadores pedagógicos, abarcando 12

---

1. Doutora em Educação: Psicologia da Educação pela Pontifícia Universidade Católica de São Paulo. Atua como professora do Ensino Superior — Universidade do Estado de Mato Grosso, Departamento de Pedagogia-UNEMAT.
2. Professora titular do Programa de Estudos Pós-Graduados em Educação: Psicologia da Educação da PUC-SP.

municípios da região. A formação continuada desses profissionais é realizada através de visitas presenciais dos professores formadores do CEFAPRO nas escolas e encontros no Projeto Sala de Gestores, que reúne, num só espaço, coordenadores pedagógicos, diretores e assessores pedagógicos. O Projeto Sala de Gestores, criado em 2010, representa uma iniciativa do CEFAPRO de Cáceres, e, posteriormente, em 2011, a Secretaria de Estado de Educação do Mato Grosso (SEDUC/MT) estendeu essa experiência aos demais CEFAPROs do Estado.

De acordo com a proposta do CEFAPRO de Cáceres, o Projeto Sala de Gestores está estruturado em 40 horas de atividades, distribuídas em cinco encontros ao longo do ano, sendo que cada um tem a duração de oito horas de formação.

Para este texto, trazemos as opiniões de 20 CPs, pertencentes ao polo de Cáceres, sobre a formação recebida no Projeto Sala de Gestores, os conhecimentos que esses profissionais julgam necessários para sua formação e qual o seu papel na formação continuada.

É importante ressaltar que nos orientamos pelo paradigma da formação em serviço, considerando o conceito de desenvolvimento profissional docente trabalhado por Barreto e Gatti (2009, p. 202), que relacionam, em sentido geral, o processo formativo com o processo de constituição identitária do profissional docente. Isso inclui determinado "potencial de autocrescimento", a partir de uma base de conhecimentos já existentes do profissional, que serve de "suporte sobre o qual trabalhar novos conceitos e opções". Nesse sentido, o conceito de formação continuada, independentemente de quem seja o profissional docente ou o gestor docente, coloca no centro o sujeito formando, ao valorizar suas experiências pessoais e profissionais na implantação de mudanças.

Essa ideia vem ao encontro das afirmações de Marcelo (2009), quando este trabalha o conceito de desenvolvimento profissional docente, entendido como um processo que ocorre ao longo da trajetória profissional, envolvendo as dimensões pessoal, profissional, institucional e organizacional. Em correspondência a isso, o desenvolvimento profissional docente deve ser enquadrado na procura da identidade, no modo como os professores se definem a si mesmos e aos outros. A nosso ver, a formação continuada desenvolve um papel muito importante para o desenvolvimento profissional dos docentes.

Percebe-se que essas ideias podem ser estendidas à formação continuada do CP. Em nosso trabalho, consideramos que a formação continuada do CP e o processo de constituição de sua identidade devem ser vistos dentro do processo de desenvolvimento profissional docente. Com isso, estaremos viabilizando uma série de elementos teóricos que nos ajudarão a compreender como esses processos se desenvolvem na prática. Nessa visão, a identidade profissional docente se constrói não somente a partir da formação continuada (que considera a formação inicial), mas também por meio do modo como esse profissional — neste caso, o CP — se insere no meio social. Portanto, pensar a formação em serviço como um processo de desenvolvimento profissional, enquadrando-o na construção da identidade, redimensiona o papel do CP como gestor do universo escolar. Assim entendido, o papel do CP não se circunscreve à relação professor/aluno/coordenador, mas a uma comunidade que integra o universo institucional composto por alunos, professores, funcionários técnico-administrativos e de apoio, pais, bem como profissionais de instituições externas à escola. Nessa concepção, também devemos ter em conta que esse gestor sofre as determinações do meio em que está inserido.

Tudo isso implica ter em conta o cenário de exigências e mudanças constantes advindas das inúmeras reformas educacionais promovidas pela administração pública sobre a hierarquia de funções da instituição escolar.

A variedade de conflitos que acontecem na escola — como problemas de indisciplina dos alunos, atitudes dos profissionais da Educação e imposições de órgãos superiores que interferem no planejamento das atividades — cria uma tensão que desestabiliza o profissional, que se vê despreparado para lidar com a complexidade e diversidade dos problemas. Desse modo, quando falamos do campo de atuação, a formação do CP deve considerar também todos esses detalhes. No entanto, o que acontece na prática é que esse campo de atuação (MATE 2008) tem se apresentado bastante difuso, uma vez que ao CP são conferidas inúmeras atribuições e suas funções se confundem com as dos outros gestores, gerando um caos na sua função.

Tudo o que foi dito nos induz a vincular o conceito de identidade profissional docente do CP a determinados aspectos que nos permitem julgar em que medida a formação continuada que recebem os CPs do polo de Cáceres/MT contribui para o processo de constituição identitária desse profissional. Consideramos que esses elementos sejam as percepções dos CPs sobre: as funções que eles devem desenvolver na escola; as funções que eles assumem; a sua própria formação continuada; as relações interpessoais que se estabelecem no processo de sua formação e no exercício de suas funções; e, nesse sentido, como se constrói a sua liderança. Tudo isso está relacionado com os saberes profissionais e determina em que medida o CP cumpre com as funções que lhe são conferidas como gestor educacional.

Essa ideia foi desenvolvida a partir dos estudos de Gatti (1996) e Marcelo (2009) sobre o conceito de identidade profissional docente; de Placco (2011) sobre saberes, perfil de liderança e percepções do CP sobre formação continuada; e de Dubar (2005) sobre atribuições e pertenças, numa perspectiva psicossocial e histórica, que fundamenta a questão pedagógica do processo de formação. Essa perspectiva considera que a única forma de reconhecer o humano é reconhecer a sua história, a sua dimensão dialética, não como uma relação de causa-efeito, mas como propriedade do ser (Bock 2007). Considerando tais aspectos, encontramos, no materialismo histórico e dialético, elementos de compreensão do fenômeno psicológico sob uma perspectiva de construção histórica, social e cultural, portanto, não naturalizante.

Isso nos conduz a um aprofundamento dos estudos do processo constitutivo do ser CP, que exerce um papel social em uma configuração histórica determinada e determinante de significados que o constituem como tal. Assim, somos levados a olhar o sujeito na dimensão individual e social, como sujeito e objeto de suas escolhas, procurando compreender o processo de formação de sua identidade profissional, que, segundo Luna e Baptista (2001, p. 44), se estabelece na e pelas relações sociais, de modo que "(...) a construção da identidade é decorrente de processos psicossociais, através dos quais o indivíduo desenvolve-se na sua singularidade e também como elemento da sociedade".

Ao tomarmos a perspectiva psicossocial para discutir formação continuada e constituição identitária, devemos considerar os múltiplos papéis assumidos pelo CP no processo de socialização.

> Só é possível conceber o conceito de identidade sob uma perspectiva sociológica à medida que se restitua a relação "identidade para si/identidade para o outro", como constituintes do processo de socialização. A identidade então corresponde ao resultado provisório, individual e coletivo, dos diversos processos de socialização que, em conjunto, constroem os indivíduos e definem as instituições (DUBAR 2005, p. 105).

Placco (2006) concebe a identidade profissional docente, mediante as proposições de Dubar (2005), a partir do pressuposto de que, para compreender a constituição identitária do professor, se faz necessário levar em conta múltiplas dimensões, tais como formação técnico-científica; formação continuada; trabalho coletivo e construção coletiva do projeto pedagógico; saberes para ensinar; e dimensões crítico-reflexiva, avaliativa, comunicacional, ética, política, estética e cultural. Essas dimensões, de acordo com a autora, não se sobrepõem, mas se inter-relacionam para constituírem a identidade profissional docente.

Essas reflexões nos serviram de suporte para investigar a óptica dos CPs acerca de determinados aspectos constitutivos de sua identidade profissional, o que nos levou a realizar uma série de entrevistas quanto à formação recebida, ao papel e aos conhecimentos necessários para formação deste profissional.

## A formação continuada do CEFAPRO de Cáceres vista pelos coordenadores pedagógicos

Assim, provocamos os CPs a manifestarem-se sobre o que representa para eles ser CP e sobre as condições que eles consideram favoráveis e desfavoráveis na sua formação continuada. Solicitamos ainda aos CPs que mencionassem as dificuldades que eles experimentam na formação continuada. Os CPs tiveram a tarefa de demarcar, em ordem crescente, uma série de alternativas apresentadas numa tabela, relacionadas com as condições que eles consideravam favoráveis à sua aprendizagem, tais como: quando ouvem uma palestra que se relaciona com a sua experiência individual e profissional; quando há dinâmica de grupo em que os CPs se sentem provocados; quando eles recebem previamente o material a ser trabalhado na formação; quando há troca de experiências, em que há oportunidade de conversar com seus pares e encontrar soluções para os problemas enfrentados no cotidiano de trabalho; quando são instigados a refletir sobre o que se passa com eles; quando têm oportunidade de pôr em prática o que foi proposto e, por fim, quando os CPs saem da formação com proposição de leituras, sugestões e encaminhamentos que os ajudem nas atividades pessoais e profissionais.

A intenção era levar os CPs a falarem sobre o próprio movimento de aprendizagem, de modo que começassem a refletir sobre as condições de trabalho e a origem de seus princípios e valores, tendo em vista os condicionantes sociais que interferem no desenvolvimento profissional docente e não docente. Isso porque a formação profissional não está atrelada apenas a uma ação isolada do indivíduo, mas envolve um complexo sistema que requer a preparação de condições objetivas para que a formação aconteça de fato (PLACCO, SILVA 2006).

Partindo do pressuposto apresentado por Marcelo (2009), de que a formação continuada deve levar em conta as considerações dos sujeitos formandos sobre as suas necessidades formativas, as referidas perguntas se referiam ao processo de aprendizagem, que a nosso ver mobilizaram os CPs a pensar sobre os conhecimentos necessários para a sua própria formação continuada.

No que toca à frase "Eu aprendo melhor quando...", foi possível organizar as escritas dos CPs em dois grupos: o grupo dos que aprendem melhor quando trocam experiências com os pares e o grupo dos que privilegiam a prática, centrando-se no seu processo pessoal de aprendizagem.

O grupo dos CPs que revelam aprender melhor com a troca de experiências envolve 11 sujeitos (55%), e algumas de suas afirmações são:

(...) Vou em busca de fundamentação teórica, e, junto com os colegas de trabalho, fazemos a socialização da temática estudada, ouvindo as argumentações e o ponto de vista dos colegas. Observo a prática de outros fazeres (...), o que realmente faz com que aprenda algo quando busco alternativas para a realização de outras tarefas (CP 2).

(...) busco a troca de experiências com meus pares nos encontros de formação continuada, nas parcerias e acompanhando os processos de políticas educacionais (CP 9).

O grupo dos CPs que privilegiam a prática (40%), centrando-se no seu processo pessoal de aprendizagem, revela:

(...) surge algo novo que tenho que dar conta. Sempre aprendo diante das dificuldades. Na coordenação, estamos sempre aprendendo porque trabalhamos com "diferenças" (alunos, professores, pais...) (CP 11).

(...) estou envolvida com as dificuldades da escola, pois elas me fazem ir em busca do aprendizado (CP 18).

Na afirmação "Em cursos de formação continuada, o que favorece a minha aprendizagem é...", os CPs mencionam a importância da interação entre os pares, do lugar para o debate e a troca de experiências. Nesta direção, há aqueles que se centram na competência do formador e no significado dos cursos no atendimento às necessidades dos formandos.

O número de CPs (65%) que privilegia a troca de experiências em cursos de formação assemelha-se ao do grupo daqueles que afirmam que aprendem melhor na prática, interagindo com seus colegas (55%).

Aqueles que evidenciam o significado dos cursos no atendimento às necessidades dos formandos, em contexto de formação continuada, apresentam-se em menor proporção, ou seja, 30%:

(...) a dedicação, o compromisso e a escrita de forma argumentativa do assunto abordado. Gosto de escrever e ir buscar uma fundamentação para a comprovação do meu ponto de vista. Faço com que os professores que comigo estão nessa caminhada também o façam (CP 2).

Ainda levando em conta a importância das estratégias de ensino desenvolvidas nos cursos de formação continuada, buscamos aquelas que, na opinião dos CPs entrevistados, mais favorecem a sua aprendizagem. Os dados mostram que a troca de experiências, o encontro de soluções para os problemas enfrentados no cotidiano de trabalho e a possibilidade de pôr em prática o que foi estudado compreendem as estratégias que mais beneficiam os sujeitos respondentes.

De acordo com os CPs, em curso de formação continuada, devemos ter em conta a valorização profissional; a falta de tempo dos CPs, que interfere na sua aprendizagem; a organização do ambiente físico; o compromisso dos sujeitos envolvidos; a relevância do conteúdo a ser trabalhado, tendo em vista a relação teoria-prática; e a capacidade do formador para propiciar a troca de experiências entre os participantes. Como se pode observar, as respostas dos CPs levam-nos a refletir sobre os inúmeros aspectos a serem evidenciados em cursos de formação continuada, o que nos aproxima de Candau (1996), que, ao considerar a experiência dos professores, compreende a escola como espaço de construção de saberes e leva em conta o ciclo de vida dos professores.

Colocamos em cena as falas dos CPs sobre sua aprendizagem para que viessem à tona as pertenças relativas ao seu papel como sujeitos da formação continuada (DUBAR 2005), numa aproximação daquilo que Placco (2006) considera, ao referir-se à dimensão crítico-reflexiva que cada um deve ter no seu processo formativo. A autora torna evidente que, sem a efetiva participação dos sujeitos envolvidos (formador e formando), a formação corre o risco de tornar-se inócua.

Procuramos saber se os CPs entrevistados receberam alguma formação para exercer a função, ao que todos reconheceram a ausência de um trabalho específico dessa ordem. Contudo, ao serem questionados sobre a importância do Projeto Sala de Gestores para atender às necessidades formativas do grupo, seis CPs afirmaram que esse espaço de formação tem servido para discutir algumas questões referentes ao trabalho corrente, como afirma o CP 5:

> (...) Não. Uma formação específica, não. A gente teve é... Nós temos uma Sala dos Gestores, não é? Onde o coordenador participa, onde o diretor participa. E lógico que ali é debatido tudo que está acontecendo, no caso, na minha escola, e os colegas das outras escolas também discutem, têm um papel ali, não é? Em termos do trabalho que está sendo feito, como que está sendo feito... Essas coisas, assim. Mas uma formação específica, não (CP 5).

Fica no ar uma pergunta: o que entendem por formação específica? Isso parece evidenciar que a maioria dos CPs considera formação específica aquela que ele busca por si mesmo para sua formação, mediante leituras, ou se baseia nas experiências pessoais, conforme dizem esses dois CPs:

> (...) Quando entrei, não, porque eu era diretor e aí fui ser coordenador. Só que li a normativa, quais são as minhas obrigações (CP 1).
> (...) Não. Não recebi por parte de ninguém, mas eu fui buscar (CP 2).

No que se refere à frase "Em cursos de formação continuada, o que não favorece a minha aprendizagem é...", há os CPs que se incomodam com a repetição de assuntos ou com a abordagem de temas que não condizem com a sua realidade; outros se queixam da burocracia do sistema, que se reflete na organização do tempo para estudos; outros mencionam o comportamento dos pares nos momentos de estudo; e há aqueles que reclamam das estratégias de cursos que não propiciam a troca de experiências.

Sobre as contribuições da formação desenvolvida no Projeto Sala de Gestores no ano letivo de 2011 para o desempenho das suas funções, seis dos 20 CPs apontaram a troca de experiências:

> (...) Contribui muito. E (...) eu gosto assim, porque esses são encontros em que a gente ouve o outro, você troca experiências (CP 8).

Os assuntos que mais interessaram a esse grupo referem-se ao Projeto Político-Pedagógico, à avaliação, à inclusão, à indisciplina e à violência. Por outro lado, seis CPs sequer citaram algum aspecto significativo. Dois CPs mostraram-se insatisfeitos com a formação e três CPs externaram interesse pela continuidade do projeto, reconhecendo a importância da "força do grupo" (CP 13) como um espaço para o fortalecimento do coletivo de gestores, no sentido de criar corpo diante da SEDUC/MT no atendimento às necessidades das escolas.

Já as reivindicações feitas pelos CPs concentraram-se em: tratar do problema da evasão escolar do EJA; focar os temas dos encontros com problemas inerentes à coordenação pedagógica; prosseguir na discussão sobre indisciplina; considerar a diversidade, sem deixar de atender às particularidades das escolas; abordar as políticas públicas; viabilizar refeições para que os gestores residentes em outros municípios participem dos encontros; repensar a dinâmica dos trabalhos quanto à distribuição da carga horária e às atividades desenvolvidas nos encontros; e solicitar que a formação seja realizada por "pessoas experientes na coordenação pedagógica" (CP 17), considerando-se a especificidade de cada gestor.

Assim, os CPs fazem um movimento de pensar sobre sua realidade, evidenciando uma série de aspectos que precisam ser levados em conta no seu processo de formação. As respostas dos CPs estimulam-nos a refletir sobre a importância do diagnóstico da realidade como mobilizador de estratégias para o desenvolvimento da formação continuada, aspecto que, no ver de Placco (2006), envolve a habilidade de refletir sobre a prática na perspectiva de promover a transformação da realidade.

A maioria do grupo revela certa disposição para aprender ao fazer as suas reivindicações e atribuir importância ao Projeto Sala de Gestores como um espaço para o desenvolvimento profissional. Nesse sentido, há de se considerar o posicionamento dos CPs 5 e 6, que parecem enxergar a potencialidade da ação coletiva, fazendo-nos pensar sobre a contribuição desses momentos formativos para o processo de constituição identitária dos gestores. Segundo Placco (2006), a troca com os pares configura-se como uma profícua oportunidade para a construção da identidade profissional.

> (...) Então, essa formação minha hoje, eu acredito, assim, que é tão importante para mim, na medida em que hoje eu ouço as pessoas, eu paro para ouvir, eu sei ouvi-las, eu dou sugestões daquilo que a gente está fazendo, daquilo que a gente vai fazer, daquilo que pode fazer para melhorar. Então, eu acredito, assim, que essa formação me possibilitou, sim, adquirir experiência (CP 5).
> (...) Então, as vivências, as leituras, não é? Esses encontros... Então, a gente aos poucos vai aprendendo a lidar com o processo. (...) Eu penso assim, que esse ano a gente já percebeu que houve um grande avanço, porque foram temas que nós mesmos sugerimos, não é? (CP 6).

Por outro lado, há de se considerar a reivindicação dos CPs de que esses encontros tenham um olhar específico na coordenação pedagógica, o que de fato demonstra a necessidade de uma formação voltada para essa área.

> (...) Eu gostaria, assim, que fosse focado só na coordenação (...), entendeu? Que fossem momentos diferenciados, momentos diferenciados de estudos com o coordenador (...) (CP 2).

Indo mais além, poderíamos afirmar que conteúdos como identidade profissional, estratégia de formação e ensino, relações interpessoais, construção e gestão de grupo, planejamento, estratégias de avaliação, instrumentos metodológicos, domínios de fundamentos da educação e conhecimentos didáticos, tematização da prática, questões da sociedade, da infância e adolescência (aprendizagem e desenvolvimento) e troca de experiências são essenciais na formação do CP, conforme recomendam Placco, Almeida e Souza (2011).

Até agora, temos caracterizado o processo de formação continuada do CP e as condições em que esse processo se desenvolve no CEFAPRO de Cáceres, entrelaçando os dados obtidos por meio dos instrumentos aplicados. Esses resultados complementam-se com as respostas à pergunta feita aos CPs sobre os conhecimentos necessários para a sua formação: "Diante das atribuições conferidas ao CP, o que é necessário para a formação desse profissional?". É interessante que nove sujeitos mencionaram conteúdos relacionados com liderança, relações interpessoais e conhecimentos teóricos fundamentais para o exercício de sua profissão, sendo que o restante (11 CPs) externou dificuldade em relacionar algum conhecimento necessário para a sua formação.

As falas referentes às relações interpessoais envolvem conhecimentos a serem apropriados pelos CPs, como: saber lidar com as diferenças/diversidade da escola; saber lidar com a indisciplina; saber coordenar; saber conversar; estabelecer uma relação escola/família; trocar experiências; saber conviver.

Em relação à liderança, os CPs apontaram: ter liderança; ter postura; ser testemunho; ter autonomia; ter empenho; ter experiência; ser ético(a); saber conduzir a formação continuada; saber ouvir; pensar junto; ter vivência de sala de aula; lidar com pessoas; saber lidar com a burocracia; saber lidar com os diferentes segmentos da escola; saber inovar.

No que diz respeito aos conhecimentos teóricos — base da profissão —, foram lembrados pelos CPs: ter conhecimento de Psicologia; ler; ter conhecimento da legislação; saber da História da Educação; conhecer o espaço escolar e a proposta de avaliação do sistema a que o Estado se vincula, ou seja, ao Ciclo de Formação Humana; compreender o papel do CP, conhecendo as suas atribuições (MATO GROSSO 2011).

As respostas dos sujeitos reforçam a compreensão de quanto é complexa a preparação do profissional para atuar na coordenação pedagógica. Nesse sentido, Pinto (2011, p. 20) defende que, para ocupar cargos diretivos na escola, os profissionais devem conhecer profundamente a organização sistêmica das escolas; as teorias de currículo; as políticas públicas na área de educação escolar; a avaliação do processo de ensino e aprendizagem; as teorias de aprendizagem; as diferentes metodologias e técnicas de ensino; o projeto político-pedagógico; o planejamento de ensino e de aulas e a avaliação institucional; além disso, recomenda um preparo como pesquisador.

Por outro lado, há de se convir que formar um profissional em serviço para assumir essas funções, utilizando as mesmas estratégias pedagógicas das modalidades da formação inicial e de pós-graduação, envolve certas complexidades, dadas as condições de que dispõem os CPs, considerando-se a sua precária formação inicial, somada às indefinições acerca de suas funções.

## Opiniões dos coordenadores pedagógicos sobre o seu papel

Ao investigar sobre as atribuições que os CPs conferem ao seu papel, foi possível identificar dois grupos: um que não expressa claramente as funções da coordenação pedagógica, representando o percentual de 70%, portanto bastante significativo, e outro grupo que centra a sua fala no processo de ensino e aprendizagem dos alunos, deixando transparecer a função de facilitador da aprendizagem. É importante apontar que apenas um CP faz menção à formação continuada como uma de suas atribuições.

Exemplos de falas do grupo que expõe seu entendimento do que vem a ser o seu trabalho na coordenação pedagógica:

> Poder contribuir de forma efetiva no processo ensino-aprendizagem, orientando e estimulando os profissionais da educação a serem um eterno pesquisador e um eterno realizador de trabalhos pedagógicos diferenciados e voltados à realidade do meio onde está inserido (CP 2).
> Integrar ações variadas a serviço da comunidade escolar, no fazer pedagógico da instituição escolar. Preparar formação continuada, mediar conflitos entre alunos, dar possibilidade de trabalho na sala de aula, subsidiando com tudo o que for necessário (CP 8).
> Uma missão importante na educação, na qual [se] tem uma função de orientar, coordenar os trabalhos pedagógicos, melhorando, digo, buscando melhoria na qualidade educacional, na prática pedagógica em sala de aula (CP 9).
> Mediar e auxiliar o trabalho dos professores em sala de aula e verificar a aprendizagem dos alunos, buscar mecanismos para solucionar as dificuldades de aprendizagem (CP 12).

O CP 9 chama atenção com seu posicionamento ao atribuir um aspecto missionário ao seu papel de CP, o que, a nosso ver, mostra uma concepção sobre identidade que não corresponde àquela com que temos trabalhado nesta pesquisa.

Ao mesmo tempo em que os CPs deixam transparecer a tensão entre aquilo que compreendem que seja sua função e aquilo que eles conseguem realizar na escola, esse papel materializa-se no atendimento às emergências do cotidiano escolar, como se o CP fosse um soldado a serviço da brigada, pronto para socorrer a quem necessite. Porque a atuação dos CPs entrevistados volta-se para o atendimento aos professores, no sentido de providenciar materiais e retirar aluno de sala de aula, ou seja, preparar a logística para que as aulas aconteçam e lidar com questões de indisciplina na escola.

As falas dos sujeitos entrevistados quase não contemplam a formação continuada em serviço, deixando transparecer um caráter assistencialista, "missionário", ao conferir ao CP o papel de "apoiar e receber apoio do professor" (CP 4), "amigo do professor, (...) ouvidor, (...), parceiro do professor" (CP 2). Nesse sentido, ao assumir o papel paternalista daqueles que estão sob a sua responsabilidade, o CP 16 abriga (ou ancora-se em) relações estabelecidas na socialização primária, transferindo-as para o ambiente de trabalho (BERGER, LUCKMANN 1985), movimento que descaracteriza ou dá certa nuance a essa identidade.

Ao que tudo indica, grande parte do grupo dedica muito tempo a lidar com a indisciplina (nove CPs); um afirma que "faz de tudo um pouco" (CP 15), e isso compreende a junção das funções administrativa e pedagógica; um preocupa-se em cumprir as determinações do poder público (CP 3); dois tomam o tempo ajudando os outros colegas CPs da sua escola (CP 13 e CP 19); um organiza o cronograma da Sala de Educador[3] (CP 13); o CP 10 reclama do número de salas que coordena e queixa-se por "ter que acompanhar o SIGA (Sistema Integrado de Gestão da Aprendizagem)"; o CP 13 refere-se à Sala de Educador como "mais uma atribuição"; três CPs dividem-se

---

3. Sala de Educador trata-se do projeto de formação continuada instituído pela SEDUC/MT, que fica sob a responsabilidade do CP e acontece nas escolas, ao longo de 80 horas anuais, destinado a professores e funcionários não docentes.

na escola em "ouvir professores e alunos" (CP 16), "atender os alunos que evadem da escola" (CP 4), "interagir com os colegas e até mesmo com os alunos" (CP 16). O que mais nos chamou atenção é que só três CPs (CP 3, CP 7 e CP 10) demonstraram preocupação com o aspecto formativo do professor no que tange à preparação para o processo de ensino-aprendizagem, apesar de reconhecer que não estão assumindo as suas reais funções.

Nenhum CP se referiu à elaboração e ao acompanhamento do PPP, à proposta do projeto de formação continuada (Sala de Educador), à formação dos funcionários não docentes e ao acompanhamento da avaliação institucional como atribuições da coordenação pedagógica, conforme explicita a Lei Complementar 206/2004/MT. As preocupações desse grupo estudado centram-se no aqui e agora, sem fazer ligação entre onde estão e aonde querem chegar.

Afirmativas como "(...) O nosso papel é cumprir e fazer cumprir as atribuições que são determinadas" (CP 3 e CP 9), nos reportam aos ensinamentos de Placco (2006), quando a autora apregoa a dimensão da reflexão crítica sobre a prática, a dimensão política, no sentido de se ter consciência do papel assumido diante da postura profissional. Sem pensar a própria ação, posicionando-se como meros prepostos do poder público, os CPs reforçam a permanência de práticas que se perpetuam sem que sejam questionadas.

## Os sentimentos e desafios dos coordenadores pedagógicos acerca do seu papel

No que se refere aos sentimentos e desafios para atuarem como CPs, foi possível identificar um grupo que se encontra satisfeito com o papel que exerce e outro grupo que se revela triste por assumir o cargo. O primeiro abriga-se nos sentimentos de identificação com o papel, satisfação com o que faz, uma quase realização profissional, conforme os depoimentos as seguir:

> Eu me sinto feliz porque eu posso colaborar (CP 6).
> Olha, eu gosto muito do que eu faço, sabe? Eu gosto muito (CP 12).

> Olha, eu vou dizer uma coisa para você [risos]: Eu amo a educação, entendeu? Eu amo! Então, é buscando o melhor para a minha escola, eu estou começando a me sentir, querendo ser realizada, entendeu? Porque (...) hoje, com um entendimento melhor da função do que é coordenador, então, eu ando deixando as coisas que não têm a ver com a minha função e estou dedicando o meu tempo muito mais à questão do currículo, não é? (CP 18).

Com Placco (2011), aprendemos a importância de considerar o sentido que os sujeitos dão para a sua vida, resgatando assim a dimensão transcendental nos processos formativos. Tal dimensão nos induz a refletir sobre aquilo que os sujeitos atribuem às perguntas: quem sou e o que pretendo fazer diante dos variados papéis assumidos na vida pessoal e profissional (Dubar 2005).

Por outro lado, o segundo grupo de CPs expressa sentimentos de frustração, inutilidade, tristeza, ambivalência e angústia.

> Nossa, é tão difícil falar sobre isso! Eu me sinto assim... É algo que eu gosto muito de fazer. (...) Mas eu me sinto frustrada nesses momentos assim, sabe? Parece que tem hora, assim, que eu falo assim: "ai, meu Deus, será que está caminhando?". Não sei! (CP 11).
> Eu, às vezes (...), você sente que parece que tem hora que é inútil estar naquele papel, que... De fato... De coordenador (CP 20).

Diante das condições de trabalho dos CPs, o sentimento de tristeza e desânimo é decorrente das dificuldades enfrentadas com os professores, da falta de autonomia, da sobrecarga de atribuições, da ausência de uma política de formação inicial e continuada para o exercício da função e do problema da má remuneração, dentre outros fatores.

É interessante destacar que, em nenhum momento, os CPs do segundo grupo revelaram que não se identificam com o que fazem. Apesar dos desafios encontrados, a maioria dá continuidade à função por mais de um mandato (14 CPs). Como entender essa situação? Será que esses sujeitos pesquisados querem manter-se em cargo de gestão para não voltar à sala de aula? As respostas a essas perguntas remetem-nos a Marcelo (2009, p. 109), quando, ao analisar as características constantes da identidade docente, que se repetem independentemente do "contexto social ou cultural", assevera que o professor que assume outros papéis dificilmente volta à sala de aula.

Também há de se refletir sobre o pouco tempo atribuído pela SEDUC/MT ao mandato da coordenação pedagógica nas escolas estaduais, haja vista que, em apenas um ano, fica difícil para o CP principiante familiarizar-se com as inúmeras atribuições que lhes são conferidas, conforme preceitua a Lei Complementar 206, de 29/12/2004. Vale ainda elucidar o processo de seleção para assumir a coordenação pedagógica, uma vez que, invariavelmente, os candidatos assumem a função sem uma formação prévia e que, independentemente da área de formação, qualquer professor pode assumir o referido cargo.

Ao ponderar sobre a importância da experiência como professor para "garantir a legitimidade e o reconhecimento das posições que ocupa junto à comunidade educativa", Pinto (2011, p. 19) advoga que "não basta ser um dos pares dos professores" para o pedagogo escolar assumir o cargo, pois "somente a formação e a experiência docente" não são suficientes para "qualquer professor (...) assumir tal função". Para tanto, é necessário que ele disponha de "um amplo domínio dos conceitos, teorias, instrumentos e princípios pedagógicos que envolvem os processos educativos escolares, que extrapolam os saberes docentes".

Em relação aos desafios dos CPs, suas respostas fazem referência ao desempenho da própria função; às relações interpessoais estabelecidas na escola, que envolvem professores, alunos e família; às questões burocráticas; às resistências pessoais; à evasão escolar; às drogas; e aos alunos com dificuldades de aprendizagem. Nas palavras dos próprios CPs:

> É comigo mesmo. De aceitar tudo isso, não é? (...) Eu sou do tipo que precisa cumprir e fazer cumprir o que está determinado. Se eu não faço, é como se estivesse em mim a cumplicidade dos erros, dos negativos. Essa é uma parte ruim. Muito ruim (CP 3).

(...) é de você viver, estar ali para fazer o seu papel. Desempenhar a sua função de coordenador pedagógico (CP 6).

É preocupante que nenhum CP tenha feito referência ao sistema sociopolítico como um desafio para enfrentar, como se as dificuldades se limitassem ao fator pessoal e institucional, o que se evidencia, fundamentalmente, na fala do CP 3, ao trazer para si a responsabilidade pelas dificuldades enfrentadas. Essa questão nos induz a refletir sobre os determinantes materiais traduzidos nas precárias condições estruturais da maioria das escolas públicas, nas relações autoritárias de alguns gestores escolares, nos condicionantes político-sociais e ideológicos, configurados nos interesses de grupos, nas crenças, nos valores, nas resistências dos sujeitos que participam da comunidade educativa (PARO 2005) que servem de obstáculos para que os próprios CPs compreendam, com mais amplitude, as condições em que trabalham.

## Conclusão

Ao mesmo tempo em que reconhecemos o caráter complexo e multidisciplinar exigido para a formação do professor que pretende atuar na coordenação pedagógica, os achados nos revelaram que a maioria dos CPs ocupa-se de outras funções não relacionadas diretamente com a formação continuada dos professores. O estudo evidenciou que, no CEFAPRO de Cáceres, não existe uma formação específica voltada para o CP e que, nos encontros do CEFAPRO, participam, além dos CPs, diretores das escolas e todos os assessores pedagógicos dessas instituições. Nesse sentido, perguntamo-nos como é possível que, num mesmo espaço e ao mesmo tempo, possam ser formados diferentes gestores, sem considerar suas especificidades funcionais, uma vez que o que se verifica, segundo Placco e Silva (2008, p. 29), é que "(...) programas são definidos, cursos são desencadeados, conferências são proferidas, mas não se questiona para quem são dirigidos, quais as necessidades dos que deles participam (...)". Apesar de essas autoras fazerem referência à formação de professores, suas ideias também fazem sentido neste contexto.

Ao mesmo tempo em que ressaltamos o grande avanço acerca de um espaço de formação para os gestores, tal como ocorre com o CEFAPRO de Cáceres, observa-se a potencialidade do Projeto Sala de Gestores de desenvolver um trabalho direcionado ao atendimento das especificidades dos seus atores, dada a importância do papel que cada um assume no contexto escolar.

## Referências

Associação Brasileira de Normas Técnicas — ABNT. Conheça a ABNT. Disponível em: <http://www.abnt.org.br>. Acesso em: 20 nov. 2010.

Barreto, E. S. S., Gati, B. A. (org.). *Professores do Brasil*: impasses e desafios. Brasília, UNESCO, 2009.

Bock, A. M. B., Gonçalves, M. G. M., Furtado, O. (orgs.). Psicologia Sócio-histórica — uma perspectiva crítica. In: Aguiar, W. M. J. et al. *Consciência e atividade*: categorias fundamentais da psicologia sócio-histórica. São Paulo, Cortez, 2007.

Berger, P. L., Luckmann, T. *A construção social da realidade*. 12. ed. Petrópolis, Vozes, 1985.

Candau, V. M. F. Formação continuada de professores: tendências atuais. In: Reali, A. M. de M. R., Mizukami, M. G. N. (orgs.). *Formação de Professores*: tendências atuais. São Carlos, EdUFSCar, 1996.

Dubar, C. *A socialização*: construção das identidades sociais e profissionais. Porto, Porto Editora, 2005 (Coleção Ciências da Educação).

Gatti, A. B. Os professores e suas identidades: o desvelamento da heterogeneidade. *Caderno de Pesquisa*, n. 98 (ago. 1996) 85-90.

Luna, I. N., Baptista, C. L. Identidade Profissional: prazer e sofrimento no mundo do trabalho. *Revista de Psicologia*, São Paulo, v. 12, n. 1 (maio 2001) 39-51.

Marcelo, C. A identidade docente: constantes e desafios. *Revista Brasileira de Pesquisa sobre Formação Docente*, v. 1, n. 1 (ago.-dez. 2009) 109-131. Disponível em: <http://formacaodocente.autenticaeditora.com.br>. Acesso em: 29 jul. 2010.

_____. Desenvolvimento Profissional Docente: passado e futuro. *Sísifo*: Revista de Ciências da Educação, n. 8 (jan.-abr. 2009) 7-22. Disponível em: <http://sisifo.fpce.ul.pt/pdfs/S8_PTG_CarlosMarcelo%20(1).pdf>. Acesso em: 20 mai. 2010.

MATE, C. H. O coordenador pedagógico e as relações de poder na escola. In: PLACCO, V. M. N., ALMEIDA, L. R. de (orgs.). *O coordenador pedagógico e o cotidiano da escola*. 5. ed. São Paulo, Loyola, 2008.

MATO GROSSO. *Lei Complementar 206, de 29/12/2004*. Disponível em: <http://www.seduc.mt.gov.br/download_file.php?id=8770&parent=56>. Acesso em: 2 out. 2010.

\_\_\_\_\_. *Escola Ciclada em Mato Grosso*: novos tempos e espaços para ensinar-aprender a sentir, ser e fazer. Cuiabá, SEDUC, 2001.

PARO. *Gestão democrática da escola pública*. 3. ed. São Paulo, Ática, 2005.

PINTO, U. A. *Pedagogia escolar*: coordenação pedagógica e gestão educacional. São Paulo, Cortez, 2011.

PLACCO, V. M. N. S., ALMEIDA, L. R., SOUZA, V. L. T. O coordenador pedagógico (CP) e a formação de professores: intenções, tensões e contradições. *Estudos e Pesquisas Educacionais*, n. 2 (2011) 225-285.

PLACCO, V. M. N. S. Perspectivas e Dimensões da Formação e do Trabalho do Professor. In: SILVA, A. M. M., MACHADO, L. B., MELO, M. M. O., AGUIAR, M. C. C. (orgs.). *Educação Formal e Não Formal, Processos Formativos, Saberes Pedagógicos*: Desafios para a Inclusão Social. Recife, Edições Bagaço, 2006, p. 251-262.

PLACCO, V. M. N. S., SILVA, H. S. A formação do professor: reflexões, desafios, perspectivas. In: BRUNO, E. B. G. O. et al. (org.). *O coordenador pedagógico e a formação docente*. 9. ed. São Paulo, Loyola, 2008.

PLACCO, V. M. N. S., SOUZA, V. L. T. *Aprendizagem do Adulto Professor*. São Paulo, Loyola, 2006.

# O alcance da atuação do coordenador pedagógico no contexto de escolas públicas do Distrito Federal

Edi Silva Pires[1]
edisilvapires@gmail.com
**Maria Carmen Vilella Rosa Tacca**[2]
mtacca@yahoo.com.br

**Introdução**

O exercício da coordenação pedagógica constitui-se num espaço de muitos embates, conflitos, angústias, desafios, reflexões, formação continuada, planejamentos e outras possibilidades, no sentido de uma construção que se dá na prática cotidiana escolar.

Considerando a importância das relações sociais como um princípio norteador da perspectiva histórico-cultural, entendemos que tal dinâmica envolve questões que podem ser desencadeadas por meio da forma como essas relações que permeiam o espaço educativo acontecem, levando em conta as experiências e vivências entre as pessoas que integram esse espaço. Tais relações são aqui entendidas

---

1. Pedagoga, com Mestrado em Educação pela Universidade de Brasília (UnB) — Distrito Federal. Professora da Secretaria de Educação do Distrito Federal (SEEDF).

2. Pedagoga, com Doutorado em Psicologia IP/UnB. É Professora Associada da Universidade de Brasília — Faculdade de Educação. Os seus estudos e pesquisas estão na interface da Educação com a Psicologia, na abordagem histórico-cultural, enfocando a aprendizagem, a comunicação educativa e as relações sociais na escola.

na perspectiva de que o homem é parte de uma coletividade, e essa condição vai lhe dando a oportunidade de se desenvolver e se aprimorar na sua condição humana. Assim, na perspectiva vigotskiana, existem vários fatores que interferem nesse desenvolvimento, e há que se considerar que "o fator decisivo do comportamento humano não é só o fator biológico, mas também o social, que confere componentes totalmente novos à conduta do ser humano" (VIGOTSKI 2003, p. 63). De acordo com essa abordagem, é possível perceber que os processos de aprendizagem e desenvolvimento são desencadeados de forma dinâmica, na interação com o outro, no convívio entre pessoas nas diferentes experiências vividas.

Assim sendo, o espaço educativo é, por natureza e forma, ambiente social e relacional que envolve pessoas em interações diversas e complexas.

Diz o autor:

> Em suas relações com o ambiente, o ser humano sempre utiliza sua experiência social. [...] O meio social como conjunto de relações humanas, é totalmente compreensível em sua excepcional plasticidade, que o transforma em um dos recursos mais flexíveis da educação (VIGOTSKI 2003, p. 79).

Reafirma-se, portanto, que o desenvolvimento do sujeito é intermediado pelas relações sociais e pelas produções humanas, ao longo do tempo, no decorrer do seu processo histórico de constituição.

Em consonância com essa abordagem, o desenvolvimento do professor e coordenador, implica que ambos passem por um processo de elaboração constante de questionamentos em relação à sua prática e aos objetivos que alcança. Para que o trabalho de ambos cumpra seus propósitos, torna-se significativo que se tenha clareza acerca dos aspectos que permeiam a ação e a relação entre os professores e o CP e de como essa relação pode contribuir para o desenvolvimento dos sujeitos envolvidos, impactando-os.

A pesquisa ora apresentada, desenvolvida em escolas da rede pública de ensino do Distrito Federal, investiga e identifica quais são as exigências para o desempenho da função do CP e como se configura a coordenação pedagógica como espaço de atuação, em termos de estrutura e organização, bem como os aspectos que lhe dão legitimidade e fortalecimento.

Com isso, buscou-se conhecer que aspectos favorecem o desempenho de um espaço/tempo de coordenação pedagógica e como acontece a reflexão crítica e o desenvolvimento de ações que atendam aos interesses da comunidade educativa. Pretendeu-se, em síntese, compreender a atuação e o alcance da ação do CP em escolas da rede pública do Distrito Federal. Com isso, tivemos a pretensão de contribuir com possibilidades de reflexões e análises que viessem a auxiliar os atores da escola, a desvelar alternativas de construção de novos saberes e fazeres que viessem a se constituir em possibilidade de compreensão das ações que permeiam o papel do CP.

## Contextualização e percurso da pesquisa

A pesquisa realizou-se em duas escolas da rede pública de ensino, localizadas no Distrito Federal. As duas escolas atendem os anos iniciais da Educação Básica, do 1º ao 5º ano e são aqui denominadas por nomes fictícios: Escola Classe Universo e Escola Classe Vivência.

Os participantes da pesquisa foram seis coordenadoras pedagógicas, que atuavam nas duas escolas referidas, pertencentes à rede pública de ensino de uma região administrativa do Distrito Federal e quatro professores dessas escolas. Foram também participantes os gestores das escolas e, assim tivemos como colaboradores, além dos coordenadores e professores, duas diretoras, uma vice-diretora e um vice-diretor.

A Escola Classe Universo atende aproximadamente 480 alunos, distribuídos nos turnos matutino e vespertino e atuam ali cerca de 50 profissionais. Localiza-se na região central da cidade, atendendo a um público bem diversificado no que se refere à condição socioeconômica, porque, de modo geral, o corpo discente é composto de alunos residentes na cidade e outros provenientes de chácaras próximas.

A Escola Classe Vivência também se localiza na zona urbana e atende aproximadamente 600 alunos, distribuídos nos turnos matutino e vespertino, que residem tanto nas proximidades da escola quanto nos condomínios e quadras distantes, utilizando em grande parte o transporte escolar. Trabalham na escola cerca de 60 profissionais, para atender a esse público também bem diversificado em termos socioeconômicos. A escola é considerada um polo de atendimento de alunos com deficiência auditiva em fase de alfabetização, por oferecer uma classe de atendimento pedagógico voltado para esse público.

Tendo em vista o estudo em questão e levando em conta a complexidade que envolve a finalidade de compreender a atuação e o alcance da ação do CP em escolas públicas do Distrito Federal, adotou-se como fundamento teórico-metodológico a Epistemologia Qualitativa, defendida por González Rey (2005a, 2005b).

De acordo com essa perspectiva epistemológica, a investigação torna-se um processo vivo, dinâmico, em que a interatividade, a motivação e a intencionalidade são mobilizadoras de ações, partindo-se do pressuposto de que o imprevisível é um desafio permanente.

Nesse sentido, a Epistemologia Qualitativa se propõe a ser uma alternativa na produção do conhecimento, articulada aos momentos concretos da pesquisa. Uma alternativa que visa superar o instrumentalismo e a reificação do empírico e favorecer a reflexão sobre uma realidade, de forma a possibilitar a construção do conhecimento no decorrer da investigação (GONZÁLEZ REY 2005a). A potencialização da capacidade reflexiva requer uma epistemologia que possibilite o exercício dialógico e teórico ao se fazer pesquisa.

Sendo assim, é importante destacar os três princípios da Epistemologia Qualitativa adotados no decorrer da pesquisa, que são: o caráter construtivo-interpretativo do conhecimento, a legitimação do singular como instância de produção do conhecimento e a compreensão da pesquisa como um processo de comunicação, um processo dialógico que realça a importância do processo interativo entre pesquisador e pesquisado (GONZÁLEZ REY 2005a). Os procedimentos metodológicos adotados foram observações do cotidiano da escola, entrevistas, caderno de memórias e impressões, roda de interação e análise de documentos.

Adentrar o processo construtivo-interpretativo das informações significa colocar-se numa condição de pensar a partir de uma história que foi constituída com outras histórias. Histórias essas que aparecem no entrelaçamento dos variados instrumentos metodológicos utilizados, numa dinâmica processual de contextualização da realidade vivida.

Dessa maneira, para compreender a atuação do CP e o alcance dessa ação, implicou nos envolvermos ativa e interativamente em duas escolas, para proceder aos momentos de construção de informações, buscando as entrelinhas da expressão dos indivíduos para gerar uma análise interpretativa sobre o investigado.

## Entrelaçamento teórico: o papel e a função do coordenador pedagógico

De acordo com Saviani (1999), a proposta da coordenação pedagógica surgiu em meados da década de 1960 no cenário da educação brasileira, com o objetivo de realizar um acompanhamento mais sistemático do trabalho desenvolvido nos espaços escolares, na figura de especialistas da educação. Assim sendo, historicamente, de acordo esse autor, a Coordenação Pedagógica surge numa perspectiva de supervisão e controle do processo educativo, não sendo assumida, inicialmente, como espaço que exercitasse a reflexão no cotidiano escolar e pedagógico. Ao contrário, tinha o fim de atender muito mais aos interesses políticos e econômicos do que aos sociais, sempre de acordo com o contexto ou período histórico. Algo muito remetido ao ativismo, atrelado aos interesses oficiais. No entanto, aos poucos, vai evoluindo a percepção dessa função, na tendência de firmar-se numa perspectiva transformadora, de parceria, conectada com a dimensão de organização do trabalho pedagógico na escola.

Dada essa origem autoritária e de controle, o papel do CP sofreu interferências dessas concepções, no que diz respeito às suas atribuições tradicionais, o que, de certa forma, causou entraves na constituição da natureza profissional dessa dimensão pedagógica na escola da atualidade.

Sendo assim, torna-se pertinente a compreensão do lugar desse profissional no espaço educativo: um lugar coordenado com as necessidades da escola da atualidade, em consonância com os seus interesses pedagógicos e os interesses dos indivíduos que habitam esse cenário, ou seja, um papel em urgente processo de consolidação. Acerca da prática pedagógica, essa consolidação torna-se historicamente necessária, se levarmos em conta os interesses em pauta, que são de uma escola ancorada numa prática pedagógica que privilegie o diálogo, a troca de experiências; um espaço de interação, onde um aprenda com o outro. Evidencia-se, assim, o aluno como objetivo final de toda essa articulação.

Buscar compreender a ação do CP na escola da atualidade pode ajudar a nos situarmos em relação a essa atuação e nos possibilitar um aprofundamento nos saberes que lhe dizem respeito, de modo a percorrer caminhos que levem a novas perspectivas de análise e proposições de trabalho.

De acordo com Placco, Almeida e Souza (2011), os estudos acerca da temática da Coordenação Pedagógica ainda são considerados em um número bastante reduzido, por ser uma conquista da qual a escola não pode abdicar. Dessa forma, evidencia-se certa urgência no desenvolvimento de pesquisas nessa direção, uma vez que a presença do CP na escola é de suma importância, havendo "[...] necessidade de compreender suas atribuições e práticas e, ao mesmo tempo, fundamentar princípios para suas ações" (PLACCO, ALMEIDA, SOUZA 2011, p. 23), para que seu papel seja efetivamente valorizado e exigido em qualquer instituição educacional, no sentido de garantir melhor qualidade ao processo ensino-aprendizagem.

Tais autoras realçam ainda essa necessidade quando afirmam reconhecer a contribuição das pesquisas e reflexões sobre a função do CP na compreensão do papel e constituição da sua natureza profissional.

Caracterizar a coordenação pedagógica implica listar suas peculiaridades, discutir as concepções que a permeiam, elencar os aspectos que a favorecem, contextualizar suas configurações, compreender as expectativas que se têm em torno do trabalho que nela se desenvolve e traçar as possibilidades que podem vir a se constituir nesse cenário. Esse é um movimento que se constitui em uma tentativa de elucidar esse espaço/tempo, que interfere, influencia e compõe o espaço educativo.

Cunha e Prado (2010) trazem o entendimento de que é função do CP mediar e articular a formação na escola. Isso, na perspectiva de que a troca recíproca entre docentes e coordenadores seja elemento que possibilite a reflexão entre tais atores e favoreça uma construção significativa da prática pedagógica.

Sendo assim, mostra-se a importância de o CP atuar como um articulador entre o currículo proposto, os professores, o compromisso de instrumentalizá-los na elaboração das suas próprias ideias, possibilitando a reflexão, o questionamento, a crítica e a elaboração de alternativas em torno do projeto pedagógico da escola. Portanto, o CP torna-se, também, colaborador na formação do corpo docente.

Aqui entendemos que a função do CP não está esvaziada da responsabilidade de desenvolver a formação continuada. Entendemos que, na escola, o CP trabalha articulando os aspectos pedagógicos e de intervenção pedagógica e que, ao atuar nessa direção, ele está sim trabalhando numa perspectiva de formação continuada, muito embora todas as ações necessárias dentro da escola para a formação do professor não sejam de responsabilidade única do CP e, sim, resultados de uma ação integrada que envolve o sistema (Secretaria de Educação), gestores e CP.

Entendemos que "a busca pela definição da função do professor coordenador pedagógico, nesse momento, talvez se faça a partir e no interior das relações travadas no dia a dia da escola em caminhos e atalhos a serem construídos/seguidos" (Mate 2009, p. 21). Nessa perspectiva, pode-se concluir que não é possível a padronização de modelos para a função da coordenação pedagógica, mas que seria importante a criação de diferentes significações para o papel que ele desempenha.

Cada contexto é uma página marcada por diferentes histórias e outras experiências, com peculiaridades exigentes de desfechos também diferenciados. Assim, marca-se a ideia de que é possível que, em cada escola, de acordo com o seu cenário particular, o coordenador vá se constituindo em um processo de busca constante.

Mate (2009) nos conscientiza de que não existem fórmulas prontas a serem seguidas no exercício da coordenação pedagógica e de que vários estilos estão em processo de construção no dia a dia escolar. Alerta ainda para a questão de que a definição do papel do CP pode estar se constituindo nas relações que se dão em torno da prática pedagógica cotidiana da escola, por meio dos mecanismos individuais, inovadores e marcados pela singularidade, que vão sendo traçados a partir das necessidades que vão se dando nesse contexto.

Em face desse pressuposto, imprimimos a essa busca a preocupação com a compreensão da atuação e do alcance da ação desse profissional na escola, já que o que dimensiona o trabalho do CP são as questões pedagógicas, haja vista as atribuições delineadas para a sua atuação.

Se é delegado ao CP participar de planejamento, orientação, acompanhamento e suporte à implantação da proposta pedagógica, numa perspectiva de trabalho conjunto (DISTRITO FEDERAL 2009b), espera-se que o profissional que exerce a função esteja em sintonia com os outros profissionais da escola, seus pares, considerando que, de acordo com o que está previsto na legislação para distribuição de carga horária (DISTRITO FEDERAL 2013a) e sendo ele um eleito do grupo[3], deve estar em consonância com uma proposta pedagógica que, a princípio, seja fruto da construção coletiva (VASCONCELLOS 2009).

A coordenação pedagógica é entendida, então, como espaço ativo, dinâmico, capaz de ressignificar o processo ensino-aprendizagem na rede pública de ensino do Distrito Federal. Entendemos que isso requer cada vez mais espaço dialógico, efetivamente constituído, e é o que o documento do Distrito Federal formaliza. De acordo com as ideias da Secretaria de Educação do Distrito Federal:

---

3. No caso do Distrito Federal, a função de CP é assumida em consonância com as portarias editadas a cada início de ano (no caso do ano de 2013 temos a Portaria n. 29 publicada em 29 de janeiro de 2013), que prevê que o CP seja um docente eleito pelos seus pares no momento de distribuição de carga horária anual; com o Regimento das Escolas Públicas do Distrito Federal (DISTRITO FEDERAL 2009b); e de acordo com Projeto Político Pedagógico (DISTRITO FEDERAL 2012c), onde constam as condições de escolha e atribuições daqueles que vão desempenhar a coordenação pedagógica.

[...] Isso implica a reorganização do trabalho pedagógico da escola e dos professores que pressupõe relação democrática e comprometida com a elaboração, implementação e avaliação do PPP das escolas em **articulação com o PPP da SEDF** (Distrito Federal 2012c, p. 111, grifo nosso).

Fica evidenciado assim o propósito de que exista, no exercício da Coordenação Pedagógica, um profissional que esteja atento a um trabalho desenvolvido em harmonia com o Projeto Político Pedagógico da escola, elaborado sob os princípios dos ideais democráticos, de forma coletiva, propiciando um eixo de forma comum a todas as escolas públicas.

## As ações desenvolvidas pelos coordenadores pedagógicos: identificação de concepções, forças e elementos de sua efetividade

Ao longo da pesquisa desenvolvida, o conjunto de instrumentos analisados favoreceu a interpretação de que não restam dúvidas da parte de nenhum dos colaboradores de pesquisa (gestores, docentes e coordenadoras), quanto às atribuições dos CPs, no desempenho de sua função, no interior das escolas pesquisadas. Por outro lado, nos inquietamos diante da questão de que, se existe clareza quanto a que corresponde esse papel, existe uma trama interna, que também pode ser facilmente identificada, que faz com que os coordenadores, muitas vezes, não consigam atender, de forma satisfatória, as atribuições que lhes são delegadas.

Se pensarmos que "cada instituição deverá traçar o seu caminho, porém, que este caminho poderá ser tanto mais interessante quanto maior a oportunidade de diálogo com outros sujeitos também posicionados" (Vasconcellos 2009, p. 15), entenderemos que os eixos de trabalho nas escolas investigadas são reivindicados pelos atores desse espaço em forma de uma ação planejada do CP, articulada com os professores, gestores e até mesmo com toda a comunidade escolar.

Iniciando essa discussão é importante destacar as posições dos nossos colaboradores em relação ao lugar físico no qual, geralmente, se localiza a coordenação pedagógica nas escolas. No decorrer da pesquisa identificamos que, em ambas as escolas, o espaço físico destinado à coordenação pedagógica situava-se na antessala da direção. Este se constituiu num aspecto que chamou a atenção e foi objeto de análise de diversos participantes da pesquisa. Todos os colaboradores, de uma forma ou de outra, fizeram observação a isso, em algum momento da pesquisa.

A coordenadora Gilda, por exemplo, ao se pronunciar acerca do que proporiam à coordenação pedagógica da escola em que atuam, se manifesta dizendo:

> Mudança da sala de coordenador para outro local. Avaliamos que onde estamos não (foi/é) legal: **misturam-se as nossas atribuições com as demais da escola** — grifo nosso (Caderno de Memórias e Impressões — CP Gilda. Escola Classe Vivência).

Durante o processo da observação percebemos que as coordenadoras sentem-se sobrecarregadas, em função de que acabam assumindo atribuições da gestão, muitas vezes em razão de ocuparem um espaço físico tão próximo da sala dos gestores e distante da sala dos professores.

Sentimento que a coordenadora Carina explicita quando diz:

> O que falta mudar é a troca da sala de coordenação para um espaço onde nosso trabalho pudesse ser realizado com maior qualidade. Que a própria direção reconhecesse nossa função como coordenadoras (Caderno de Memórias e Impressões – CP Carina, Escola Classe Vivência).

As expressões acima nos levam à interpretação de que há uma representação simbólica na forma como cada escola concebe esse profissional, ao designar para suas coordenadoras um espaço físico conectado com a sala da direção. Tal representação pode significar uma aproximação da coordenação pedagógica com a gestão, no que diz respeito ao seu campo de atuação. Entendemos que essa localização evidencia a forma como é concebido o papel e a função do CP, por parte dos gestores, dentro da escola, ou seja, esse papel é visto por eles de forma muito próxima à função de gestão.

Além desse aspecto revelador da posição e lugar dos coordenadores dentro da escola, consideramos pertinente trazer para análise a forma como a ação pedagógica está pensada, operacionalizada e questionada no interior das escolas pesquisadas. Consideramos importante trazer isso a partir da visão dos nossos colaboradores de pesquisa, ou seja, dos CPs, dos professores e dos gestores das escolas.

## A constante busca do sentido de ser coordenador pedagógico e pensar a coordenação pedagógica

Para os CPs das escolas pesquisadas, a ação que desempenham se constitui de atividades que vão desde exercícios burocráticos que causam desconforto, até pesquisar, promover reflexão no grupo de professores diante das necessidades e conflitos pedagógicos diagnosticados, acompanhar e orientar os professores inexperientes, enfim, possibilitar que o trabalho pedagógico aconteça. Algumas das expressões das coordenadoras, em uma entrevista realizada, marcam bem esse entendimento, ao serem instigadas a responder como se constitui sua ação no dia a dia da escola:

> É organizar o planejamento coletivo, é encaminhar o que foi decidido no planejamento coletivo, é perceber as potencialidades e fragilidades do grupo, tentar trabalhar nessa perspectiva: "Onde a gente não está indo bem?". E eu acho que, às vezes, a gente fala muito do professor, e eu vejo que às vezes também a gente se afasta de perceber a sala de aula em si. [...] Quando você coordena com o professor, **é para o aluno**. Mas às vezes a gente não vai lá, na ponta, saber se aquilo está chegando de fato no aluno. Até mesmo um contato mais direto. Às vezes (isso falta), um contato mais direto com o aluno, com o material do aluno... Porque é ele que, de fato, vai nos dar um *feedback*, né? (Entrevista I — Coordenadora Gilda. Escola Classe Vivência).

Percebe-se que a coordenadora traz a indicação de como se constitui sua ação e de como a compreende, em termos de sua abrangência, pois ressalta o fato de que é importante não perder de vista a sala de aula e a aprendizagem dos alunos, como seu foco central. Quando ela diz que "às vezes a gente não vai lá, na ponta, saber se aquilo está chegando de fato no aluno", percebe-se uma quebra na sintonia planejada. Ela percebe que algumas dificuldades existem e ressalta a necessidade de haver uma tomada de posição, tendo em vista repensar onde a escola, em sua organização, está deixando a desejar, principalmente no que diz respeito à orientação do processo ensino-aprendizagem.

Cláudia, na Escola Classe Universo, ao falar de sua prática de coordenação pedagógica, amplia um pouco mais o âmbito das atividades que constituem sua ação e, ao mesmo tempo, reforça o que é discutido por Gilda.

> O trabalho que eu tenho desenvolvido aqui é esse, de tentar traçar uma linha de ação de acordo com os projetos que a escola já desenvolve, tentar garantir que eles aconteçam, gerando de repente um quadro de agrupamento, de trabalho, de reagrupamento intraclasse, interclasse, do projeto interventivo[4]... (Entrevista I — Coordenadora Cláudia. Escola Classe Universo).

Esse trecho é indicador de que a ação da coordenadora visa à prática dos professores, direcionada de forma ampla pelos projetos que a escola tem. Verifica-se, então, que a ação dessa coordenadora se dá norteada pela necessidade de desenvolver um processo de organização do trabalho pedagógico que atenda as necessidades de aprendizagem dos estudantes. Tal necessidade é, de fato, mobilizadorada da ação dessa profissional, tal como pudemos observar. Essa ideia parece tornar-se importante no sentido de que a ação do CP se desenvolva em torno de uma proposta organizativa, do Projeto Político Pedagógico da instituição e seria importante que

---

4. Agrupamento, reagrupamento intraclasse (dentro da própria sala de aula) e extraclasse (entre as outras turmas) constituem-se em estratégias de trabalho diversificado previstas nas orientações pedagógicas do Bloco Inicial de Alfabetização do DF, para atender as necessidades de aprendizagem dos estudantes.

toda a intermediação dessa proposta se desse com a liderança da coordenação pedagógica.

Nesse processo de intermediação pela CP, se pode perceber que a sua ação vai sendo delineada pela realidade vivida, e não apenas e isoladamente pelo que possa estar idealizado no PPP.

Uma situação ocorrida na Escola Classe Vivência vem, de certo modo, ilustrar bem essa questão. Tal situação refere-se ao fato de que as coordenadoras, num dia de planejamento coletivo, propuseram a organização de uma oficina de artes na escola, no intuito de contemplar, no processo ensino-aprendizagem, a dimensão estética prevista no currículo. Ocorreu que, de um total de 22 (vinte e dois) professores dessa escola, 16 (dezesseis) eram recém-contratados ou com contrato temporário, e, diante da proposta, inicialmente, todos aceitaram o desafio.

Assim sendo, a CP procedeu ao registro e ao encaminhamento da oficina. No entanto, no momento de dar início à atividade proposta, alguns professores começaram a questionar e, liderados por uma professora mais antiga, mas novata na escola, fizeram, de forma imprevista uma discussão sobre a proposta de trabalho, sem a presença das coordenadoras, conforme relata a coordenadora Anita:

> Fez-se uma reunião de portas fechadas, dizendo que a coordenação estava sendo arbitrária, que a gente estava decidindo por conta própria, não estava escutando a opinião delas, a gente estava simplesmente ignorando... Impondo, né? Ignorando os anseios, a correria do dia a dia, as outras preocupações... E nos colocou numa posição muito chata mesmo. [...] a gente ficou muito chateada com essa situação. Depois, fizemos uma reunião geral, colocamos o nosso sentimento, como a gente estava se sentindo, foi uma confusão danada! (Coordenadora Anita, E. C. Vivência, relato na roda de interação).

Nesse conflito, verifica-se que houve um descompasso em relação ao que se deve fazer e ao que efetivamente se faz em momentos de conflitos e se constata que o desafio de encontrar a melhor forma de agir faz parte das atribuições que perpassam a complexa natureza da ação do profissional da coordenação pedagógica. Isso identifica que não se pode minimizar a "responsabilidade do coordenador como mobilizador do processo educativo na escola" (Souza, Placco 2011, p. 33) e como agregador e direcionador de ações, inserindo todos nas ações desencadeadas.

A situação observada nos permitiu identificar a necessidade de reorganização constante da ação dos coordenadores. E mais, percebemos que emerge nesse processo a importância de os professores, novatos ou não, tomarem conhecimento e participarem da atualização da proposta pedagógica da escola e compreendemos que, enquanto coordenação pedagógica, esperam-se sugestões que possam ser enriquecedoras e propositoras de ações relevantes para comunidade educativa.

Ao ser questionada sobre as práticas que permeiam sua ação no exercício do seu papel na Escola Classe Vivência, a coordenadora Carina é assertiva ao dizer que "antes de sentar com as professoras, as coordenadoras se reúnem para organizar o planejamento, o que vai ser proposto" (Entrevista I). Demonstra-se assim que, dentre as atribuições das coordenadoras, esse trabalho conjunto entre as próprias coordenadoras também faz parte das atribuições do CP no cotidiano escolar (Fernandes 2007) e nos leva a crer que essa organização prévia tem importância significativa e reflete na forma como o CP atua.

Nessa perspectiva, Souza e Placco (2011) discutem a importância de se investir na constituição de uma autoridade profissional do CP "que exclui a coerção como meio de conquista, exercitando a responsabilidade, o autorrespeito e a autonomia" (p. 36), desencadeada por processos de retomada de sua ação, autoavaliando-se constantemente e refletindo acerca dos resultados dessa ação como ponto de partida para desenvolver-se profissionalmente dia a dia.

## O posicionamento dos gestores e as expectativas dos professores em relação à coordenação pedagógica

No caso dos gestores das escolas investigadas, pudemos perceber que suas concepções acerca do papel e da função do CP se aproximam em alguns momentos e divergem em outros.

Num primeiro momento, consideramos importante evidenciar como esses gestores percebem o CP e sua ação. Para tanto, destacamos que eles se pronunciaram com expressões tais como:

> Um colaborador rico e imprescindível (Rosália, diretora da E.C. Vivência).
> Parte fundamental (Vice-diretor Renato da E.C. Vivência).
> Grande elo entre o pensar e o planejar (Diretora Paula da E.C. Universo).
> Fundamental para o trabalho pedagógico (Vice-diretora Mara).

É interessante assinalar que, nesse primeiro momento, o que se pode perceber nas informações trazidas pela fala dos gestores é que TODOS assumem o CP como um profissional que atua de maneira totalmente voltada para as questões pedagógicas da escola. Essa colocação coaduna com a constatação de Soares (2012), em sua pesquisa, ao dizer que os gestores têm clareza das atribuições desse profissional. No entanto, no decorrer da pesquisa, nos momentos empíricos e a partir do que nos foi possível observar, percebemos que existem questões de ordem administrativa e organizativa da escola que atravessam a ação das coordenadoras pedagógicas nas escolas investigadas.

Para compreender como as ações do CP se efetivam no cotidiano da escola, buscamos ainda entender como as professoras percebem e avaliam a atuação desse profissional, efetivamente, no dia a dia, dentro da escola.

Pelas informações recebidas, podemos dizer que a ação das coordenadoras da Escola Classe Universo é vista pelas professoras como um elo que faz a ligação do professor com o currículo, que articula o diálogo entre professores das diferentes turmas e turnos e até mesmo com a equipe gestora. Como exemplo disso, citamos o que foi dito pela professora Lucy numa entrevista:

> Percebo assim que o coordenador faz diferença... Uma escola sem coordenador. Eu ficava imaginando isso. A gente sempre imagina: Será que ano que vem alguém vai se prontificar para esse papel? Porque ele integra a escola. Ele integra até os tur-

nos, né? É difícil a gente encontrar professor do turno matutino com turno vespertino, por exemplo. Mas o coordenador, o bom coordenador, ele faz esse link (Entrevista II — Professora Lucy. Escola Classe Universo).

Identificamos que todas as reuniões coletivas eram previamente organizadas e planejadas pelas coordenadoras, com base na organização pedagógica necessária para a escola, de acordo com o currículo e pelas necessidades pedagógicas evidenciadas pelos docentes ou detectadas no coletivo da escola.

A professora Lucy demonstra perceber, em seus argumentos, a importância de a ação do coordenador estar bem voltada para as questões da sala de aula, do processo ensino-aprendizagem, mas ainda destaca a necessidade de esse coordenador abrir canais de comunicação nos espaços criados na rotina escolar, por exemplo, o momento da coordenação pedagógica coletiva, por turno, quando todos os profissionais da escola encontram-se reunidos e propensos a ouvir e serem ouvidos.

Percebe-se que a ação desempenhada pelo CP é solicitada cotidianamente na escola, numa perspectiva de continuidade de um trabalho que demanda proposta, mas que se torne também flexível, suscetível a mudanças, a redimensionamento, a aprendizado constante. Além disso, que também fosse propiciadora de segurança ao professor em sua ação pedagógica, o que se consegue organizando o trabalho pedagógico, planejando, debatendo ideias, analisando situações de aprendizagem que merecem maior atenção e dedicação para que o ensinar e o aprender sejam efetivos e se deem com qualidade. A professora afirma:

> Eu vejo que a experiência dela, o que ela já passou, ela traz para mim, e aí eu consigo ver resultados bons. Então, é isso que me motiva: ver os resultados, ver que o meu aluno está conseguindo alcançar, porque eu estou indo pelo caminho certo, porque a minha coordenadora **está me ajudando, está me auxiliando... E isso me traz mais confiança** (Entrevista II — Professora Patrícia. Escola Classe Vivência).

Tal entendimento encaminha-se para a compreensão de que a aprendizagem se tece nos espaços sociais, nas relações que se estabelecem entre as pessoas e delas com o contexto vivido, recorrendo-se sempre à experiência pessoal como alicerce essencial para as ações a serem desencadeadas. De acordo com as evidências, esses aspectos se concretizam no cotidiano da escola investigada, corroborando a premissa de que a experiência pessoal é a base do trabalho pedagógico (Vigotski 2003), o que vai delineando a forma como o CP se coloca no grupo sob a ótica das professoras.

Por outro lado, outro ponto defendido pelas professoras, ao longo da pesquisa, com referência à ação do CP, é que haja maior aproximação dos coordenadores com a sala de aula. Que haja conexão com a sala de aula, para, junto com o professor, compreender e identificar as necessidades dos alunos e até mesmo interferir no processo ensino-aprendizagem, se isso for relevante.

Pode-se perceber que as colocações das professoras trazem à tona três questões que perpassam a atuação do coordenador e a forma como ela está sendo encarada pelos docentes no interior das escolas investigadas.

**Em primeiro lugar**, as professoras nos conscientizam de que nem sempre a atuação do coordenador privilegia a ação do professor, em razão de que o coordenador se perde nessa articulação, pelo fato de se distanciar da dinâmica da sala de aula e do que implica seus desdobramentos, atendendo demandas de outra ordem, que não é a pedagógica.

**Em segundo lugar**, destaca-se o papel das relações no espaço da coordenação pedagógica, sob a responsabilidade do coordenador e de uma ação comprometida com a prática pedagógica. Sendo assim, a reflexão em torno dos aspectos que permeiam a ação do CP nos levou a considerar que,

> Quem pratica, quem gere a prática pedagógica de sala de aula é o professor, a coordenação, para ajudá-lo, deve estabelecer uma dinâmica de interação que facilite o avanço. [...] O coordenador, ao mesmo tempo em que acolhe e engendra, deve ser questionador, desequilibrador, provocador, animando e disponibilizando

subsídios que permitam o crescimento do grupo (VASCONCELLOS 2009, p. 89).

Em terceiro lugar, podemos perceber que as professoras colocam em discussão a necessidade e a visão do processo pedagógico como uma realidade única, e os avanços só serão possíveis à medida que a realidade for mostrando novas possibilidades.

Ao longo da pesquisa, pudemos observar que, nas escolas investigadas, esse processo é sempre vivenciado nos momentos de planejamento e estudo coletivos, mesmo que, neles, muitos conflitos se instalem, mediante a necessidade de redimensionamento do que foi planejado com todos.

Nessa perspectiva, considerando que a coordenação pedagógica é um ambiente estimulador das relações sociais e por meio das quais os seus atores, os professores, coordenadores e gestores aprendem diariamente a se conhecer, é possível supor que, na ação do CP, o significado do espaço em que atua se expressa de forma singular e pessoal, considerando que cada um é um e que este ser único sempre lança mão do que experiencia para se desenvolver e agir. Assim, à medida que vai agindo, vai se desenvolvendo e a ação profissional se desenvolverá conectada com as necessidades que a realidade impõe.

## O coordenador pedagógico e a formação continuada

Consideramos relevante destacar outra ação recorrente no desempenho do papel do CP nas escolas investigadas, que é a ação formadora.

Pudemos constatar que, nas duas escolas, o estudo se configurava como uma sistematização de muitos momentos de formação que os profissionais das escolas já realizavam nos momentos coletivos.

Pudemos perceber assim que a formação continuada, articulada pelas CPs das escolas, se constituía em momentos de pensar e fazer educação voltada para o fortalecimento da ação pedagógica que se desenvolvia naquele espaço, o que entendemos ser positivo. Percebemos que, no decorrer do tempo, foi-se constituindo em estratégia para fortalecer a aprendizagem dos estudantes daquele contexto.

Além disso, os momentos de reflexão gerados nos diversos encontros que tivemos com as coordenadoras nos permitiram identificar argumentos e aspectos, em torno de como a avaliação repercute na escola, na sala de aula e na ação do CP das escolas pesquisadas, lançando um olhar diferenciado sobre a atuação do CP nesses espaços. O que é bem destacado na fala da coordenadora Rita, a seguir:

> A Escola Classe Universo tem um sistema de avaliação próprio que se chama SAIEC[5]. Nele nós, coordenadores, elaboramos as avaliações para as turmas, baseadas nas questões da Provinha Brasil [...]. Então, neste processo (com base nos resultados), fomos identificando que, por exemplo, o desempenho total de uma turma foi muito bem no descritor[6] tal e outra turma não teve um bom resultado; aí nós compartilhamos com esse professor qual foi a experiência exitosa que ele vivenciou com a turma para obter resultado naquela turma que a outra não obteve e aí, nós trocamos as ideias (Entrevista II — Coordenadora Rita. Escola Classe Universo).

Consideramos, assim, que a avaliação se destaca entre as ações do CP, o que repercute em toda a escola. Conforme bem constata Villas Boas (2010), entendemos que a coordenação pedagógica coletiva, articulada pela ação do coordenador, é um momento profícuo ao desenvolvimento pessoal e profissional dos sujeitos que ali atuam.

As informações nos permitem interpretar que essas colocações representam a compreensão de que o papel do CP se traduz na mobilização de processos alternativos da ação frente aos desafios instalados no cotidiano, no enfrentamento das necessidades detectadas no processo ensino-aprendizagem. Além disso, o que resulta

---

5. SAIEC: Sistema de Avaliação Interno da Escola Universo de Sobradinho (nome fictício).
6. São itens da unidade de testagem de uma avaliação. Disponível em: <http://www.slideshare.net/louisacarla/descritores-e-distratores>. Acesso em: 20 dez. 2012.

do processo avaliativo indica um respaldo para a atuação das coordenadoras, aliando-as aos professores, num processo coletivo de identificação, reflexão e desenvolvimento de estratégias em benefício do processo ensino-aprendizagem. Entende-se, ainda, que, nesse processo coletivo, o maior favorecido é o aluno.

## Aspectos que legitimam e fortalecem a função do coordenador pedagógico

Entender a ação e atuação do profissional da coordenação pedagógica nos remete para destacar, então, os aspectos que fortalecem, legitimam ou, em decorrência, fragilizam o papel do coordenador, nesse processo pedagógico, que acontece diariamente na escola (PIRES 2014).

Na palavra dos colaboradores da pesquisa, no que se refere aos aspectos que legitimam e fortalecem o papel do CP, podem ser destacadas quatro dimensões, a saber: **1)** o protagonismo ao assumir a função do CP e seu papel e o que ele exige; **2)** o diálogo como potencializador da efetividade das relações; **3)** o planejamento e a articulação das ações pedagógicas; **4)** a atuação do CP no processo avaliativo das escolas investigadas.

*Dimensão 1: O protagonismo ao assumir a função do coordenador pedagógico e seu papel e o que ele exige*

Um processo que se reflete na legitimidade e no fortalecimento do papel do CP é destacado pela coordenadora Gilda, que diz respeito à forma como os professores e os próprios coordenadores compreendem o significado de ser CP e assumem isso na sua ação. A esse respeito, ela assim se colocou:

> Facilita muito quando o professor compreende o que é o CP. E o próprio coordenador se veja como CP de fato. [...] Ele tem que planejar. (A coordenadora se coloca numa posição de pensar e apresenta os questionamentos a seguir) "Será que eu vejo isso como uma atribuição minha? O grupo concorda com essas atribuições?

> O grupo está consonante nas minhas atribuições e o que eu penso para viabilizar essas ações?" A gente, enquanto coordenador, caminha com mais fluência, né? (Entrevista I — Coordenadora Gilda. Escola Classe Universo).

Ao se expressar, levantando questões pessoais em torno das suas atribuições, Gilda levanta a importância de o sujeito ter consciência do lugar que ocupa, da sua condição. Da força que a necessidade de protagonismo impõe ao papel desempenhado, por si mesma, enquanto coordenadora, frente ao processo ensino-aprendizagem, e da força que as ações que mobiliza nesse processo imprimem à organização do trabalho pedagógico.

Tudo isso marcado pela forma como cada um se constitui dia a dia como coordenador, aluno ou professor, e na forma como cada um, enquanto sujeito individual e coletivo, imprime sua marca no processo do ensinar e aprender.

### *Dimensão 2: O diálogo como potencializador da efetividade das relações*

Para a coordenadora Carina, outro elemento que se destaca, no que diz respeito ao fortalecimento do papel do CP, é a integração entre as coordenadoras da escola e a abertura para dialogar com os professores, conforme se pronuncia no trecho abaixo:

> Acho que o elemento principal é você sempre estar em busca, não desanimar, estudar, ter uma boa relação com os professores. A questão de estar aberto a sugestões, mesmo que sejam estrambólicas, né? Para a gente poder até ver como o professor pensa, para poder ajudá-lo a falar: "Então vamos agora ver tudo isso que você pensou e adequar à realidade, ao contexto da sua turma" (Entrevista I — Escola Classe Vivência).

Percebemos que, de acordo com o que Carina manifesta, o papel do CP se legitima nos encontros com os docentes. As dificuldades enfrentadas no desempenho do seu papel de coordenadora diminuíam à medida que ela, na sua condição, se abria para ouvir as angústias e necessidades dos professores, entendendo que esse espaço é propiciador do debate que surge em razão das práticas que aí são articuladas e se desenvolvem. A esse respeito, ela ainda se manifesta:

> O diálogo é primordial, além disso, o respeito, a questão de saber o limite até onde o CP pode ir e dali pra frente é o professor. Eu acho que a comunicação, o CP tem que ajudar muito os turnos a se comunicarem (Entrevista I — Coordenadora Carina. Escola Classe Vivência).

Percebemos que a coordenadora demonstra sua preocupação no que diz respeito a sua ação se desenvolver sustentada pelo diálogo, por ser a dialogicidade percebida por ela como propiciadora da construção de novos saberes, a partir das reflexões que podem ser desencadeadas nesse processo comunicativo.

Nessa perspectiva, entendemos que o papel do CP também se legitima e se fortalece, na medida em que ele oportuniza a constituição de um ambiente dialógico, integrando e criando vínculos com os envolvidos no processo ensino-aprendizagem.

### Dimensão 3: Planejamento e articulação das ações pedagógicas

O desempenho da função de CP requer planejamento prévio. A necessidade de uma organização prévia da proposta de planejamento coletivo se dava, em razão de "tentar traçar uma linha de trabalho de acordo com os projetos que a escola já desenvolve, de tentar garantir que eles aconteçam, gerando de repente um quadro de reagrupamento intraclasse, interclasse e do projeto interventivo..."[7] (Entrevista I — Coordenadora Cláudia. Escola Classe Universo). Segundo a professora Marília, "a coordenação pedagógica se fortalece quando todos procuram, de fato, praticar o que planejamos" (Entrevista III — Prof. Marília. Escola Classe Universo).

---

7. Estratégias pedagógicas previstas nas diretrizes dos anos iniciais do Ensino Fundamental no Distrito Federal.

Nesse sentido, interpretamos que a ação do CP se articula com o PPP (Projeto Político Pedagógico) da escola, em termos do que ele propõe e do que é necessário propor, dando ao grupo docente condições de desenvolver sua prática em sala de aula, fortalecendo a aprendizagem dos estudantes.

Constatamos que esse processo, essa ação planejada das CPs, no dia a dia, se torna significativo para o grupo, tem todo um sentido, e isso é também aspecto que fortalece a ação das coordenadoras no contexto dessa escola.

### Dimensão 4: A atuação do coordenador pedagógico no processo avaliativo das escolas investigadas

Torna-se interessante ressaltar que o processo de mobilização coletiva em torno da avaliação interna das escolas investigadas nos levou a considerar que os elementos que legitimam e contribuem para o fortalecimento do papel do CP no espaço escolar exigem um olhar que se traduz em explicitação de processos alternativos da ação desse CP.

Uma ação que se coloca frente aos desafios instalados no seu cotidiano, no enfrentamento das adversidades que permeiam o processo ensino-aprendizagem. Dentre elas, as necessidades e possibilidades de aprendizagem, que se evidenciam em cada turma da escola, diagnosticadas pela avaliação interna.

De acordo com Villas Boas (2010), a coordenação é, dentre outros aspectos, um momento de avaliação do trabalho em desenvolvimento e de apresentação de resultados obtidos e de necessidades evidenciadas em relação ao processo ensino-aprendizagem. Assim, de acordo com a autora,

> Nos momentos de coordenação pedagógica é que nascem os projetos [...] são analisadas as ações desenvolvidas e é sistematizado o processo avaliativo. Essa é a avaliação formativa em desenvolvimento, que tem como foco as aprendizagens dos estudantes e professores e o desenvolvimento da escola (VILLAS BOAS 2010, p. 76).

Como consequência dessa mobilização, é possível perceber que se evidenciam muitas oportunidades de desenvolvimento pessoal e profissional por parte dos envolvidos nesse processo de ensinar e aprender.

Essa condição ocasiona efetivamente aos indivíduos condições para ressignificar as experiências vividas nesse processo de interações entre os envolvidos no processo do ensinar e do aprender.

## Aspectos conclusivos

Foi intenção desse estudo, a partir da teoria utilizada, na realidade investigada, refletir sobre o que se pensa acerca do papel do CP; como se desenvolve sua ação; qual a repercussão dessa ação no seu espaço de atuação; e quais os aspectos que respaldam esse papel, conferindo-lhe legitimidade e fortalecimento, o que entendemos ter um impacto no processo ensino-aprendizagem. Todos esses aspectos foram evidenciados no decorrer da construção das informações e se definem em termos do que temos a concluir.

Em decorrência da pesquisa, entendemos que trouxemos informações sobre o que embasa a coordenação pedagógica em termos das ações que o CP de fato desenvolve no seu cotidiano. Procuramos também enfocar os aspectos que legitimam e fortalecem o seu papel na perspectiva de identificar o alcance de sua atuação na escola pública.

Nessa trajetória, temos clareza de que deixamos muitos aspectos a serem desvelados, de que existem questões a serem formuladas e esclarecidas. Acima de tudo, alertamos para as condições que precisam ser dadas ao CP para que ele, de fato, fique circunscrito nas atribuições que são pedagógicas na escola da atualidade.

Nessa direção, ao longo dessa pesquisa, pudemos observar e acompanhar as ações de profissionais da coordenação pedagógica, em duas escolas públicas do Distrito Federal, sobressaindo-se diversas circunstâncias enfrentadas por eles e que os fazem estar em uma busca constante de atualização e de melhor adequação de sua prática.

Nesse sentido, nossos colaboradores nos informaram, por exemplo:

Que nunca estaremos completos, prontos...
Que o exercício da docência é uma prática que se renova a todo o momento. Feliz de quem se reconhece como "em construção", ainda que esteja às portas de sua aposentadoria (Caderno de Memórias e Impressões — Coordenadora Anita. Escola Classe Vivência).

Assim sendo, procuramos identificar alguns aspectos que dizem respeito ao fortalecimento e à legitimidade do papel do CP na escola.

Em relação a esses aspectos identificados, entendemos que eles nos levam à compreensão de que **faz diferença**:

- ✓ O fato de o CP ter clareza de quem ele é no espaço que ocupa e do que ele faz nesse espaço, que é a escola.
- ✓ Quando ele articula ações pedagógicas entre o currículo, a prática pedagógica, o processo avaliativo e as demais questões que vão sendo identificadas no cotidiano do processo ensino-aprendizagem.
- ✓ Quando ele estabelece um canal de comunicação e diálogo com os professores, privilegiando as interações.
- ✓ Quando ele participa do processo avaliativo, o que possibilita que ele conheça melhor o que está sendo realizado dentro da sala de aula na medida em que ele acompanha e reflete sobre o processo de avaliação e seus desdobramentos.

Por fim, concluímos que a atuação e o alcance da ação do CP, nas escolas investigadas, se dão circunstanciados pela forma como essa ação é compreendida e exigida pelos diferentes atores da escola, inclusive pelas próprias coordenadoras.

Constatamos, também, a necessidade de renovação da ação pedagógica e do papel dos profissionais da coordenação pedagógica, desse repensar constante e da importância dessa discussão dentro da escola.

Somos humanos, e a escola em que habitamos é também reflexo do nosso ser. Parar, escutar, refletir, olhar e projetar a partir do que vivemos e pensamos, nesse contexto, é uma boa sugestão, já que lidamos com o ensinar e o aprender.

Entendemos que, dentro das possíveis transformações da ação pedagógica, levando em conta toda sua dinamicidade, é possível mudar as regras do jogo, e é nessa possibilidade de novas escolhas, de mudança de regras, que empreendemos nossa busca na escola nossa de cada dia.

## Referências

DISTRITO FEDERAL. Secretaria de Estado de Educação do Distrito Federal. Portaria n. 29, de 29 de janeiro de 2013. Dispõe sobre os critérios de distribuição de carga horária, os procedimentos para a escolha de turmas e para o desenvolvimento das atividades de coordenação pedagógica e, ainda, os quantitativos de coordenadores pedagógicos locais, para os servidores da Carreira Magistério Público do Distrito Federal em exercício nas unidades escolares da rede pública de ensino do Distrito Federal. *Diário Oficial do Distrito Federal*, Poder Executivo, Brasília, 1 fev. 2013a. Disponível em: <http://www.sinprodf.org.br/wp-content/uploads/2013/02/se%C3%A7%C3%A3o01-026.pdf>. Acesso em: 20 set. 2013.

_____. Secretaria de Estado de Educação do Distrito Federal. *Projeto Político Pedagógico Professor Carlos Mota*. Brasília, 2012c. Disponível em: <http://www.se.df.gov.br/wp-content/uploads/ppp.PDF>. Acesso em: 10 nov. 2012.

_____. Secretaria de Estado de Educação do Distrito Federal. Portaria n. 74, de 29 de janeiro de 2009. Aprovar os critérios para distribuição de carga horária dos professores na rede pública de ensino e das instituições com cessão de professores, nos termos do Anexo Único a esta Portaria. *Diário Oficial do Distrito Federal*, Poder Executivo, Brasília, 30 jan. 2009a.

_____. Secretaria de Estado de Educação do Distrito Federal. *Regimento escolar das Instituições Educacionais da Rede Pública de Ensino do Distrito Federal*. 5. ed. Brasília, 2009b.

CUNHA, Renata Cristina Oliveira Barrichelo, PRADO, Guilherme do Val Toledo. Sobre importâncias: a coordenação e a coformação. In: PLACCO, Vera Maria Nigro de Souza, ALMEIDA, Laurinda Ramalho de. *O coordenador pedagógico e os desafios da educação*. 2. ed. São Paulo, Loyola, 2010, p. 37-47.

FERNANDES, R. C. A. *Educação continuada, trabalho docente e coordenação pedagógica*: uma teia tecida por professoras e coordenadoras. Dissertação de Mestrado (Educação). Faculdade de Educação da Universidade de Brasília, Brasília, 2007.

GONZÁLEZ REY, Fernando Luís. *Pesquisa qualitativa e subjetividade*: os processos de construção da informação. Tradução Marcel Aristides Ferrada Silva. 2. ed. São Paulo, Cengage Learning, 2005a.

_____. *Pesquisa qualitativa em Psicologia:* caminhos e desafios. São Paulo, Ed. Pioneira Thomson Learning, 2005b.

MATE, Cecília H. Qual a identidade do professor coordenador pedagógico? In: BRUNO, Eliane Bambini Gorgueira, CHRISTOV, Luiza Helena da Silva. *O coordenador pedagógico e a educação continuada.* 13. ed. São Paulo, Loyola, 2009, p. 19-23.

PLACCO, Vera Maria Nigro de Souza, ALMEIDA, Laurinda Ramalho de, SOUZA, Vera Lucia Trevisan de. *A formação de professores: intenções, tensões e contradições.* Relatório final. São Paulo, Fundação Victor Civita/Fundação Carlos Chagas, 2011. Disponível em: <http://www.fvc.org.br/pdf/apresentacao-coordenadores-qualitativo.pdf>. Acesso em: 20 nov. 2012.

PIRES, Edi Silva. *Coordenador pedagógico: o alcance da sua ação e aspectos de seu fortalecimento e legitimidade no contexto escolar.* Dissertação de Mestrado. Brasília, UnB, 2014.

_____. Coordenador Pedagógico: sua ação e aspectos que lhe conferem fortalecimento e legitimidade no contexto escolar. In: Endipe, 17, UECE, Fortaleza CE, 2014, Anais... *O Cotidiano Escolar: da constituição das relações sociais à atuação do coordenador pedagógico como sujeito da sua ação.*

SAVIANI, Demerval. A supervisão educacional em perspectiva histórica: da função à profissão pela mediação da ideia. In: FERREIRA, Naura S. C. (org.). *Supervisão educacional para uma escola de qualidade:* formação à ação. São Paulo, Cortez, 1999, p. 13-38.

SOUZA, Vera Lucia Trevisan de, PLACCO, Vera Maria Nigro de Souza. O coordenador Pedagógico, a questão da autoridade e da formação de valores. In: ALMEIDA, Laurinda Ramalho de, PLACCO, Vera Maria Nigro de Souza. *O coordenador pedagógico e as questões da contemporaneidade.* São Paulo, Loyola, 2011, p. 25-39.

VASCONCELLOS, Celso dos Santos. *Coordenação do trabalho pedagógico: do projeto político-pedagógico ao cotidiano da sala de aula.* 4. ed. São Paulo, Libertad, 2009.

VILLAS BOAS, Benigna Maria de Freitas. *Projeto de intervenção na escola:* mantendo as aprendizagens em dia. Campinas, Papirus, 2010.

VIGOTSKI, L. S. *Psicologia Pedagógica.* Tradução de Claudia Schilling. Porto Alegre, Artmed, 2003.

_____. *Obras Escogidas.* Volume III: Problemas del Desarrollo de la Psique, Madri, Visor, 1995.

# Uma conversa entre espaços: o coordenador pedagógico e a formação com o cotidiano

**Adriana Stella Pierini**[1]
adstpier@gmail.com
**Ana Maria Falcão de Aragão**[2]
anaragao@terra.com.br

Muito a dizer, pouco sabiam como. Escritas em três linhas de papel usado, não lhes importavam os riscos, as caraminholas e o desdém que sofriam: tinham certeza que podiam mais. Parecia-lhes que quando não nasciam prontinhas para desembocar em outras, nada que fosse quantidade servia. Desacostumadas, porém, a surgirem dando causa e efeitos, agora só sabiam se portar como amontoados. A sorte é que não se bastavam e continuavam tentando ser mais, mais que palavras (FUJISAWA 2013, p. 35).

Escrita que emerge de escritas outras, o intuito deste artigo é dar visibilidade a um processo de pesquisa que se pautou na afirmação da potencialidade dos processos formativos centrados nos sujeitos e

---

1. Pedagoga. Doutora em Educação. Atuação na área de formação de educadores. Pesquisadora colaboradora do Grupo de Estudos e Pesquisas em Educação Continuada (GEPEC) da Faculdade de Educação da UNICAMP. Autora da Tese de Doutorado que resultou neste artigo.
2. Psicóloga. Doutora em Educação. Pós-Doutorada em Educação pela Universidade de Aveiro (Portugal). Docente do Departamento de Psicologia Educacional da Faculdade de Educação da Universidade Estadual de Campinas (UNICAMP). Orientadora da Tese de Doutorado que resultou neste artigo.

no entendimento da formação como um conjunto de experiências pautadas pela construção de conhecimento para além do consumo de informações. É necessário anunciar, de pronto, a convicção de que crenças e saberes que caracterizam as ações de cada educador constituem parte importante de sua formação pessoal e profissional; que estamos, todos, em desenvolvimento profissional contínuo; que a escola é lócus privilegiado para que isso aconteça e que é fundamental que o orientador pedagógico[3] reconheça sua função articuladora e mobilizadora na tessitura de propostas de formação no cotidiano da escola.

Por trazer como pressuposto que a atuação do CP é a de corresponsável pela organização e realização de ações intencionais com o intuito de possibilitar experiências de aprendizagem aos sujeitos que exercem a docência e aos que, de alguma maneira, aí atuam como educadores, o objetivo que atribuiu sentido à referida investigação foi o de planejar, experienciar, conhecer e analisar propostas potencializadoras de experiências formativas aos profissionais nos espaços coletivos.

A partir desta expectativa, se deu o processo de constituição do grupo produtor de conhecimentos pelo encaminhamento de convite — via *e-mail* — aos orientadores pedagógicos da Rede Municipal de Ensino de Campinas-SP e a grupos de CPs da rede privada de ensino também deste município. No retorno à carta convite, foi dada a confirmação de 27 participantes, sendo que, no primeiro encontro, realizado em 13/09/11, participávamos 12 orientadoras/coordenadoras pedagógicas, quatro das quais não retornaram aos encontros subsequentes, alegando motivos de ordem pessoal e profissional que as impediram de participar nas datas e horários previstos. Inicialmente, foram propostos seis encontros, que aconteceram em 13 e 27/09/11, 11 e 18/10/11, 1º e 29/11/11, nas dependências da Faculdade de Educação da Universidade Estadual de Campinas (UNICAMP). Considerando que o grupo sentiu a necessidade de

---

3. A terminologia "orientador pedagógico" é a denominação utilizada na Rede Municipal de Ensino de Campinas-SP para designar a função equivalente à do coordenador pedagógico.

estendê-los, organizamos mais quatro deles em 3, 10 e 17/04 e 15/05 de 2012, totalizando dez encontros de, aproximadamente, duas horas e trinta minutos de duração, cada um.

No encontro desse e com esse grupo de pesquisa que, carinhosamente apelidamos de *OPesquisadoras*[4], desnudamo-nos diante da indefinição de nossa função, desfiamos o rol de problemas que enfrentamos no cotidiano, assumimos nossa corresponsabilidade com os processos formativos na escola, imersas em movimento inquietante que tensionou os nossos encontros. Queríamos descobrir, juntas, o que, do lugar de orientadoras pedagógicas, poderíamos propor nos espaços coletivos das escolas para possibilitar experiências que, de fato, fossem formativas para as professoras, para os professores e demais profissionais das escolas onde trabalhávamos.

Assim, nossos *espaços de conversa* foram sendo instituídos a partir da convicção de que o seu valor

> não está no fato de que ao final se chegue ou não a um acordo... pelo contrário, uma conversa está cheia de diferenças e a arte da conversa consiste em sustentar a tensão entre as diferenças, mantendo-as e não as dissolvendo, e mantendo também as dúvidas, as perplexidades, as interrogações... e isso é o que a faz interessante... por isso, em uma conversa, não existe nunca a última palavra... por isso uma conversa pode manter as dúvidas até o final, porém cada vez mais precisas, mais elaboradas, mais inteligentes... por isso uma conversa pode manter as diferenças até o final, porém cada vez mais afinadas, mais sensíveis, mais conscientes de si mesmas... por isso uma conversa não termina, simplesmente se interrompe... e muda para outra coisa... (LARROSA 2003, p. 63).

Constituiu-se, portanto, a referida pesquisa, de narrativa tecida a partir de vivências específicas de um grupo de coordenadoras/

---

4. *OPesquisadora* é uma terminologia criada por ocasião da escrita da Dissertação no Mestrado, buscando evidenciar a condição da profissional orientadora pedagógica que pesquisa (e se faz na pesquisa) sobre seu próprio trabalho. Por essa razão, *OPesquisadoras* tornou-se a denominação do grupo produtor de dados desta pesquisa.

orientadoras pedagógicas em *espaços de conversa* — espaços que foram se configurando como encontros entre profissionais que partilham de alguns propósitos comuns, que acontecem com alguma regularidade e que são intencionalmente planejados e coordenados para serem oportunidades de refletir e construir conhecimento sobre a própria prática. Estes *espaços de conversa* fundamentavam-se em alguns princípios: o estabelecimento do diálogo (a expressão das ideias, a escuta atenta), a autoria sobre o próprio trabalho (a afirmação, o acolhimento e a problematização das ações cotidianas), o exercício da autonomia e a indissociação entre a pessoalidade e a profissionalidade.

Entre outros, foi a Larrosa que recorri[5] para me auxiliar a pensar sobre os *espaços de conversa* a partir do "par experiência/sentido". Com o autor, fui compartilhando a ideia de experiência como o "que nos passa, o que nos acontece, o que nos toca" (LARROSA 2002, p. 21) e por isso nos transforma.

Larrosa (2002) discorre sobre a dificuldade de que aconteça a experiência numa sociedade de consumo desenfreado de informações, onde somos convocados a manifestar nossas opiniões que normalmente restringem a nossa voz à manifestação superficial sobre um *sim* ou um *não*, sobre um *certo* ou um *errado*, sobre *uma* ou *outra* posição. Problematiza o excesso de trabalho como um elemento que dificulta ou mesmo impossibilita a experiência e faz questão de diferenciar que a *experiência* a que se refere não é a que normalmente é utilizada como "contagem de créditos para o trabalho". Aborda a falta de tempo como um fator que faz com que as experiências sejam cada vez mais raras, fazendo com que a maioria do que nos aconteça seja de vivências instantâneas, pontuais e fragmentadas, impedindo o estabelecimento de conexões significativas entre os acontecimentos, sem lugar para a memória, sem lugar para o silêncio:

---

5. Ainda que o presente artigo seja produto de produção em parceria, optamos por manter construções em primeira pessoa do singular no intuito de garantir as marcas características da narrativa, opção da escrita da pesquisa que a originou.

Ao sujeito do estímulo, da vivência pontual, tudo o atravessa, tudo o excita, tudo o agita, tudo o choca, mas nada lhe acontece. Por isso, a velocidade e o que ela provoca, a falta de silêncio e de memória, são também inimigas mortais da experiência (Larrosa 2002, p. 23).

Ao pensar na escola, no lugar de orientadora-pesquisadora, refletia em quanto buscamos cavar espaços para que ela — a experiência — em algum momento, sobreviva. Tanto para crianças, quanto para nós, profissionais, tudo parece muito bem organizado para que, na melhor das hipóteses, *tudo passe, tudo aconteça, tudo toque...* Parece-me, de fato, que somente nas brechas, na suspensão, nos *entre* é que reside a possibilidade do par experiência/sentido:

> A experiência, a possibilidade de que algo nos aconteça ou nos toque, requer um gesto de interrupção, um gesto que é quase impossível nos tempos que correm: requer parar para pensar, parar para olhar, parar para escutar, pensar mais devagar, olhar mais devagar, e escutar mais devagar; parar para sentir, sentir mais devagar, demorar-se nos detalhes, suspender a opinião, suspender o juízo, suspender a vontade, suspender o automatismo da ação, cultivar a atenção e a delicadeza, abrir os olhos e os ouvidos, falar sobre o que nos acontece, aprender a lentidão, escutar aos outros, cultivar a arte do encontro, calar muito, ter paciência e dar-se tempo e espaço (Larrosa 2002, p. 19).

Cultivar a arte do encontro! Se tivesse que priorizar uma função para a orientadora pedagógica na escola, hoje, seria essa a que priorizaria! E pouca coisa isso não seria...

Segui com Larrosa quando, após abordar as questões referentes à experiência (e à destruição da experiência), tece (lindamente, do meu ponto de vista) suas considerações sobre o *sujeito da experiência*. Ao recuperar o significado de experiência em diferentes línguas, o autor vai entretecendo a figura do sujeito como "território de passagem", como "lugar de chegada" ou como "espaço do acontecer" (p. 24).

Quais *espaços*? Ora... Sujeito também é lugar, também é espaço. Se assim é, os *espaços* dos *espaços de conversa* são os encontros onde estão os sujeitos em diálogo, mas também não seriam os próprios sujeitos, atravessados pela experiência? Inquietou-me a afirmação do autor ao sinalizar que o sujeito da experiência é um sujeito "ex-posto" e a advertência de que

> o importante não é nem a posição (nossa maneira de pormos), nem a "o-posição" (nossa maneira de opormos), nem a "imposição" (nossa maneira de impormos), nem a "proposição" (nossa maneira de propormos), mas a "exposição", nossa maneira de "ex-pormos", com tudo o que isso tem de vulnerabilidade e de risco. Por isso é incapaz de experiência aquele que se põe, ou se opõe, ou se impõe, ou se propõe, mas não se "ex-põe" (LARROSA 2002, p. 25).

Minha percepção aqui é a de que a ex-posição é algo que transcende o opinar, é algo que vai além do dizer sobre. É *dizer de si*. É *sair de* si. É *ser ex* de si.

Pois é o que passeava em nossos encontros rotineiros, é o que emergia das rupturas do nosso cotidiano na escola, é o que se repetia e que nunca era igual nos nossos *espaços de conversa* que busquei narrar, procurando mais significantes do que significados, a partir das memórias disponibilizadas nos registros em que, tão gentilmente, as *OPesquisadoras* se dispuseram a desempenhar esse papel: serem as fontes de dados desta investigação.

Foram os dados compostos por registros reflexivos[6]:
a) os relatos escritos produzidos por cada uma de nós sobre cada um de nossos encontros;
b) as escritas em que cada participante buscou explicitar um tempo/espaço coletivo da escola onde atua que considerou formativo para os profissionais, detalhando esta indicação a partir de um roteiro norteador por mim proposto;

---

6. Alinhamo-nos às ideias de Sá-Chaves (2002, 2005, 2008) ao afirmar que, quando narramos, sempre narramos algo a alguém, compreendendo que o ato de escrever sobre nossos encontros se constituía num ato reflexivo.

c) as escritas de cartas (para um amigo, conhecido, desconhecido, colega de trabalho, alguém real ou imaginário) com o propósito de relatar o que significaram os encontros do *OPesquisadoras*, considerando que o destinatário não imaginasse do que se tratavam nossos espaços de conversa. Nas referidas cartas, cada participante buscou relatar também qual (quais) procedimento(s) que vivenciamos foi (foram) mais formativo(s), justificando e explicitando o que aprendeu com ele(s).

É pelo fascínio que este (e só este) modo de fazer pesquisa em mim exerça, que, ao reolhar para estas fontes, encontrei em Ferraço (2008, p. 23) alguma direção, tanto sobre a busca de teorização deste cotidiano, quanto sobre a metodologia de pesquisa que não se reduzisse à explicação de fatos ou se limitasse à adoção de categorias de análise, mas que também não desconsiderasse a necessidade "de se pensar o cotidiano e a pesquisa com o cotidiano a partir de outras possibilidades".

Alinhei-me às ideias do autor quando, ao partilhar das preocupações de pesquisadores que têm se dedicado às pesquisas com o cotidiano — especialmente no que se refere aos cotidianos escolares —, aponta a necessidade de rompermos com determinadas "amarras do modelo cartesiano de pesquisa", destacando, entre outras, as dicotomias entre sujeito e objeto e entre teoria e prática, a tentativa em garantir uma suposta objetividade e neutralidade do conhecimento e o foco na quantificação como garantia de rigor da cientificidade. Seguia com Ferraço (2008), quando sinaliza que o uso das *narrativas* dos sujeitos nas pesquisas desenvolvidas *com o cotidiano* se coloca

> como uma possibilidade de fazer valer as dimensões de autoria, autonomia, legitimidade, beleza e pluralidade de estéticas dos *discursospráticas* dos sujeitos. Trabalhar com essas narrativas se mostra como uma tentativa de dar visibilidade a esses sujeitos, afirmando-os como *autoresautoras*, também protagonistas dos meus estudos (FERRAÇO 2008, p. 32).

Assim, munida de minhas provisórias certezas, fui confirmando uma formulação de ciência que intenciona problematizar conceitos como ordem, estabilidade, previsibilidade, buscando a consolidação de um paradigma que não se apoie em certezas absolutas, mas que se lance sobre possibilidades. Assim, munida de minhas provisórias certezas, sinalizei minha opção pelo Paradigma Indiciário de Ginzburg (1989) como lente para análise dos dados produzidos, metodologia pautada no reconhecimento da linguagem como um elemento vivo que possibilita a compreensão da realidade a partir da pluralidade dos sentidos a ela atribuídos. Esta é a escolha que me pareceu mais acolhedora ao que se acenava, uma vez que buscava pautar as descobertas na singularidade, na valorização do detalhe, na importância ao aparentemente irrelevante, na procura de indícios, de pistas que me possibilitassem não o reflexo, mas uma tradução possível da realidade. Esta foi escolha que se ancora nas teorias que defendo, porque acredito que, do lugar de pesquisadora, mergulhei e mergulharei na própria experiência sensível que é a pesquisa.

Decidida, assumi a análise dos dados como uma possibilidade de ensaio, como "essa experiência do presente a que dá o que pensar, a que deve ser pensada", como o que me acontece agora, pelo que sou agora, pelo que posso pensar, dizer e experimentar agora, seduzida pela ideia de que

> no ensaio funciona uma crítica imanente. A crítica é parcial, provisória, aberta, sem fundamentos transcendentes. Trata-se de uma crítica fundada na experiência e, ao mesmo tempo, experimental, que abre a experiência. Trata-se, também de uma crítica reflexiva, dobrada sobre si mesmo. No ensaio, a crítica confunde-se com a autocrítica, com o desprendimento de si, com um desprendimento que tem a ver com a des-sujeição dos jogos de verdade e dos jogos de poder, das inumeráveis redes que tecem a verdade e o poder, tanto do lado do poder, quanto do lado da verdade do poder. Por isso, no ensaio, a crítica é indiscutivelmente, um exercício de liberdade ou de libertação, uma ascese de liberdade (LARROSA 2004, p. 39).

Foi assim que parti ao encontro deles: os dados. Produzidos na pesquisa, os registros reflexivos de e sobre nossos *espaços de conversa* são lugares para onde direcionei meu olhar, procedendo

à leitura e releitura destes escritos, sondando os indícios que me sinalizaram as respostas à questão inspiradora da pesquisa:
*Quais propostas desenvolvidas em espaços coletivos podem se constituir em experiências formativas para a orientadora pedagógica?*
E, na sequência:
*Quais as possíveis implicações destas experiências no trabalho desta profissional na escola?*
Para possibilitar a sinalização dos dados produzidos e analisados, vali-me de siglas de identificação compostas pelo código referente ao material, seguido de código identificador do primeiro nome da *OPesquisadora* (procedimento esse devidamente autorizado) e especificação da data. Os códigos referentes aos materiais e integrantes do grupo foram identificados conforme tabela abaixo:

| Material | OPesquisadora |
|---|---|
| Relato escrito produzido por cada uma de nós sobre cada um de nossos espaços de conversa (Re) | Adriana (Ad) Anália (An) |
| Roteiro norteador a partir do qual cada participante explicitou um tempo/espaço coletivo que considerou formativo para os profissionais da escola onde atua (Ro) | Edna (Ed) Gisele (Gi) Heloísa (He) |
| Carta relatando o que significaram os encontros do OPesquisadoras e procedimentos considerados mais formativos, justificando e explicitando as aprendizagens (Ca) | Sálua (Sal) Sarah (Sar) Vera (Ve) |

A partir de ensaios de análise possíveis, as reflexões foram agrupadas da seguinte maneira:

## 1. Da experiência de *(se)* escrever ou da conversa *(a)*fiada em papel

Uma das propostas experimentadas em nossos *espaços de conversa* refere-se, mais especificamente, a uma das práticas que lá aconteceram sistematicamente: a produção do relato reflexivo. *Produzir a escrita de relato reflexivo individual a partir da experiência do encontro; ler, em voz alta, para o grupo, o relato reflexivo elaborado sobre o encontro anterior e ouvir e refletir sobre os registros reflexivos próprios e alheios*[7], foram três ações constituintes desta primeira proposta considerada como formativa por todo o grupo, como nos sinaliza o excerto de escrita de uma OPesquisadora:

> Fazia parte do contrato de trabalho escrever registros reflexivos. **Reencontrei-me como professora-coordenadora na escrita**. Construir um texto sobre o que havia acontecido em nossos encontros **significava refazer um caminho**, pensando sobre cada pegada, lembrando contemplativamente daquela paisagem, que já não era a mesma vivida. Você não imagina quanto isso foi formativo. **Mergulhei no meu fazer, a partir do olhar do outro, da outra experiência**, quando a colega OP partilhava, com o grupo, seu registro, lendo-o em voz alta para todas.
> **Reencontrei-me com um modo de escrever que estava escondido**, esquecido numa daquelas caixas empoeiradas, esquecida pela vida que nos embrutece.
> **Ca_Sal_ maio de 2012**

Outra proposta apontada como formativa foi uma escrita outra. Trata-se da atividade encaminhada ao grupo no *espaço de conversa* que se realizou em 10/04/12, quando cada uma das OPesquisadoras buscou *explicitar um tempo/espaço coletivo da escola em que atua que considerou formativo para os profissionais, detalhando esta indicação a partir de um roteiro norteador por mim proposto*:

> Enfim, deixo aqui registradas **a riqueza e a importância** desta atividade de explicitação de processos formativos, por todas nós, no Grupo *OPesquisadoras*. **Quanto aprendemos e quantas ideias tivemos, ouvindo umas às outras, ouvindo quanto cada uma deposita de valor em seus procedimentos adotados, e como estes são aproveitados e potencializados pelas equipes de trabalho em questão**. Eu, pelo menos, **saio desse encontro com ideias borbulhantes**. Lembrando-me, no entanto, da serenidade sugerida na canção de Sater: "O caminho para ser feliz é viagem para quem não tem pressa".
> **Re_Sar_17de abril de 2012**

---

7. Os grifos em negrito/itálico sinalizam o detalhamento das ações componentes das propostas apontadas como formativas nos "espaços de conversa".

## 2. Dos recursos expressivos outros ou das artes de *(con)*versar ao pé d'ouvido

Outro procedimento considerado formativo por todas as OPesquisadoras foi vivenciar *a atividade de acolhida intencionalmente planejada e proposta em sistema de rodízio por uma colega do grupo*. A *palavra-pensamento-escrita* de Vera nos convida a refletir sobre a relação entre experienciar a proposta de *acolhida* e o olhar para a prática profissional:

> A cada encontro uma de nós trazia algo para compartilhar com as colegas. Esse momento foi chamado de acolhida e **realmente acolhia a todas**. Nele lemos, ouvimos músicas e histórias, vimos *clips*, livros, imagens de obras de arte, objetos e conversamos sobre a que cada uma dessas coisas nos remetia e, curiosamente ou não, **todas nos levaram a enxergar detalhes significativos em nosso trabalho de orientação pedagógica**.
> Ca_Ve_ 14 de maio de 2012

Outro recurso expressivo do qual eu lançava mão, algumas vezes, em nossos encontros e que fora apontado como um procedimento formativo refere-se à *elaboração de uma síntese poética e à socialização destas produções no grupo*, ocasião em que propunha que as OPesquisadoras buscassem condensar os significados do que pensavam ou sentiam sobre determinada questão, por meio de produções artístico-expressivas com a utilização de determinados recursos por mim oferecidos.

> Voltando ao início ou meio do encontro (não me lembro ao certo, rs.), finalmente Adriana propôs a atividade com a fotografia solicitada lá no começo de nossos encontros. A proposta era produzir uma reflexão sobre a importância da Orientadora Pedagógica no cenário captado pelas imagens. *A discussão foi generosa e rica. Para mim ficou fortalecida a ideia de que a formação continuada dos profissionais da escola é de nossa responsabilidade. Todas as nossas ações são provocativas de formação. Penso que este é um dos princípios essenciais de nosso trabalho. Precisamos tomar todos os cuidados necessários para não perder este foco.*
> Re_He_29 de novembro de 2011

## 3. Dos conhecimentos apresentados ou das visitas que chegam para ficar

Outros procedimentos que também faziam parte de nossos espaços de conversa e que foram considerados pelo grupo como formativos propostas pautadas na *aproximação de produções de autores outros*, buscando evidenciar como se deu a apropriação de conhecimentos circulados em nossos encontros: a leitura e discussão de textos, a discussão sobre apontamentos em apresentação dialogada em *PowerPoint* e a projeção de obras literárias e vídeos.

> Manoel de Barros, Tatiana Belinky, Marisa Monte, Colin Thompson, Lenine, Guimarães Rosa, Ana Aragão, Idália Sá-Chaves, Adriana Vicentini, Adriana Pierini, Milene, Sálua, Heloísa, Vera, Sarah, Anália, Edna... *quantos meninos com peneira me ajudaram, quanto esses meninos de água e de peneira me trouxeram textos e contextos e me fizeram acreditar nos meus princípios, na minha criatividade, na minha autoria.*
> É, acho que estou fazendo como Helô disse, *estou me apropriando das produções que outros autores criaram.* Coautoria? Acho que sim. Só com a ajuda de muitas pessoas se consegue colher um grande rabanete.
> Surge Bakhtin. Na fala de Helô, na fala de Sarah, na fala da amiga OP Denise no assessoramento de segunda pela manhã.
> E vem também Vera Maria Placco.
> *Muitos autores. Muitos textos. Muitos contextos. Muitos coletivos.*
> Re_Gi_1° de novembro de 2011

## 4. Da ação da propositora ou dos modos de recepção da anfitriã

Algumas considerações referem-se à ação da propositora do grupo, em que, de certa forma, são tratadas as reflexões acima, porém com enfoque nos procedimentos por mim utilizados como propositora do grupo, como nos sinaliza Anália:

> Tinha noção de que muito tinha a aprender, principalmente por estar afastada da vida acadêmica; mas *a forma dessa coordenadora conduzir o grupo, atribuindo as tarefas de registro reflexivo, registro de sua atuação, acolhimento do dia e leitura dos registros para o grupo, proporcionou-me uma profunda reflexão sobre minha prática profissional.*
> Ca_An_13 de maio de 2012

## 5. Dos conhecimentos construídos ou dos proseios levados para a escola

É o agrupamento de reflexões onde é narrado o que contam as *OPesquisadoras* sobre o que aprenderam em nossos espaços de conversa, compreendendo estes conhecimentos como articulados à sua prática cotidiana na escola:

> Estes encontros nos proporcionam **oportunidades de falar das dificuldades e da alegria de ser OP, nos proporcionam oportunidades de buscar soluções para os conflitos e inseguranças sobre o que desenvolver na unidade**, pois apesar de já estar exercendo esta função há oito anos, em alguns momentos, tenho grandes dúvidas sobre o que devo ou não fazer, quais funções realmente fazem parte de meu papel como OP....
>
> Ca_Ed_maio de 2012

Outros dois agrupamentos também emergiram das narrativas das *OPesquisadoras*, e ainda que não respondam diretamente à questão inspiradora da pesquisa — até porque são pressupostos da mesma — são também apresentados pela intensidade com que se evidenciam.

**Das percepções sobre os próprios processos de aprendizagem ou das chuvas que modificam as tardes**, traz as reflexões que se referem às compreensões possíveis sobre o como pensam as *OPesquisadoras* que aprenderam o que dizem que aprenderam em *nossos espaços de conversa*:

> Com as *OPesquisadoras* **redescobri minha função de formadora, de parceira que está junto, mas também "olha de fora" e "para fora"**, com o objetivo de qualificar cada vez mais as práticas pedagógicas destinadas às crianças na unidade educacional em que trabalho. Ouvi falas surpreendentes e que **muito me transformaram**. Aprendi que quanto menos o trabalho da OP aparece, mais eficiente ele está sendo; que o trabalho coletivo não vive de consensos e sim de dissensos; que é preciso considerar mais o feito do que o não feito para avaliar o trabalho de um grupo; que deixamos nossas marcas naquilo que coordenamos e muitas outras coisas. Tive certeza de que as estratégias são fundamentais para cada ação ou reflexão pretendida e que cada uma delas "afeta" as pessoas de modo diferente.
>
> Ca_Ve_14 de maio de 2012

Os indícios que reafirmam a indissociabilidade entre afeto/cognição, a indissociação entre a pessoalidade e a profissionalidade nos processos formativos são reafirmados em **Dos espaços de amorosidade ou sobre pedras que dão flores**:

> Uma vez, *cheguei a confessar no grupo que me achava mais criativa como professora, e que, como OP*, me via cerceada no meu modo de agir e de pensar, tendo, às vezes, apenas que nadar a favor da maré... E você sabe, não é, minha amiga de longa data, *como é difícil para mim ficar falando sobre meus limites, tamanha é a minha ansiedade de acertar*, não é mesmo? Mas isso é papo pra outra carta...
> Pois bem. *Sabe aquela cumplicidade que nem sempre a gente consegue na escola? Ela foi se constituindo no nosso grupo, esse mesmo, o OPesquisadoras. Adriana, Gisele, Vera, Heloísa, Sálua, Edna, Anália e eu, o grupo se constituiu por, justamente, encontrarmos cumplicidade entre nós, pois partilhamos da mesma natureza de nosso trabalho*. Falamos, muitas vezes, das mesmas dificuldades, dos mesmos equívocos que cometemos, dos mesmos silêncios e mesmices que enfrentamos, ou das mesmas falas atravessadas que nos obrigam e nos obrigamos a ouvir, mas também começamos a falar das mesmas pequenas vitórias cotidianas, das mesmas conquistas, das mesmas experiências prazerosas, e da mesma felicidade que encontrávamos a cada bom resultado educativo partilhado, já que percebíamos, neles, verdadeiros avanços em termos de práticas pedagógicas de qualidade para as crianças que atendemos em nossas escolas. Você sabe bem a dor e a delícia dessa nossa profissão, não é mesmo?
> **Ca_Sar_13 de maio de 2012**

Ao reolhar para essa trajetória, reencontrei aprendizagens que foram por mim tomadas como as lições desta pesquisa. Lições que foram *ex-postas* em separado, por conta da tentativa de um pretenso diálogo entre as experiências formativas da *orientadora pedagógica-OPesquisadora-propositora*, a profissional que refletia no grupo sobre seu trabalho ocupando o lugar de propositora num grupo de *OPesquisadoras* outras e as experiências formativas da *pesquisadora-autora-escritora* quando conseguia se reconhecer nas próprias contradições vividas no ato de se escrever.

**Sobre as lições da *orientadora pedagógica-OPesquisadora-propositora*:**

- A primeira delas é o reconhecimento dos *espaços de conversa* não somente como metodologia de pesquisa, mas, sobretudo,

- como potente lócus de formação no/com o cotidiano, por residirem aí, possibilidades múltiplas de experiências formativas configurando-se, assim, como um legítimo espaço de atuação da OP.
- Outra é que produzir a escrita de relato reflexivo individual a partir da experiência de um encontro, ler, em voz alta, para o grupo, o relato reflexivo elaborado sobre o encontro anterior, ouvir e refletir sobre os registros reflexivos é prática recomendável na instituição dos *espaços de conversa* na escola ou fora dela.
- As narrativas escritas se evidenciam como potentes *espaços de conversa* porque nelas acolhem-se palavras prenhas de significado que produzem sentido, (re)criam realidades e funcionam como mecanismos de subjetivação, pois ato de escrever sobre si é também uma forma de diálogo. A *palavra-pensamento-escrita* é, de fato, um movimento de *ex-posição*.
- A afirmação da autoria demanda um destinatário real, ou seja, *a escrita para alguém* é elemento definidor que deve pautar o trabalho com a formação dos estudantes e também dos profissionais da escola para que o sujeito se torne destinatário/autor de *saberes-fazeres*. Defendo que, na escola, esse alguém seja OP/CP.
- É fundamental que toda experiência sensível seja a gênese da reflexão, possibilitando evidenciar o que não é dito, aprimorar percepções e sentimentos do sujeito sobre si e sobre o mundo e elaborar conceitos.
- A instituição das novas relações dos saberes dos professores com o saber pedagógico e científico não deve ser feita de maneira aleatória, indiscriminada, mas sim, orientada por questões, como:
Quais subsídios são necessários? Por quais motivos? Qual melhor momento para apresentá-los? Estão devidamente ancorados aos saberes dos professores?
- A atuação da propositora dos *espaços de conversa* deve se fundamentar sempre na convicção de que o ato de interrogar impulsiona o aprender e suas intervenções devem ser res-

postas às indagações que faz a si mesma sobre os princípios que defende.
- É fundamental em todo e qualquer processo de formação a instauração da afirmação das práticas, atentando que afirmar práticas não significa aceitá-las, mas sim, legitimá-las, reconhecê-las como práticas reais porque acontecem no cotidiano das escolas, porque pensadas por sujeitos, porque trabalhadas com sujeitos, porque pautadas por crenças, porque sustentadas por teorias e que, por isso, necessitam ser explicitadas para que sejam reafirmadas, reconfirmadas ou transformadas. Desta maneira, poderá acontecer o movimento do sujeito *ex*-posto, o sujeito que, a partir de si, se faz *ex de si*. Assumir-se *ex* de si é perceber-se transformado, é testemunhar uma transformação que acontece a partir de si, e, por isso, reconhecida e legitimada pelo sujeito.

### Sobre as lições da pesquisadora-autora-escritora

- Uma tese é o relato do processo de organização dos conhecimentos da pesquisadora, em *espaços em conversa* todos: com outro(s) e consigo. Por essa razão, no ato de escrever, é necessário buscar recursos que evidenciem ao máximo esse diálogo com os sujeitos da pesquisa, com os teóricos e com as próprias reflexões.
- A pesquisa com o cotidiano comporta contradições pelos próprios meios de pesquisar, o que impõe à pesquisadora uma interrogação constante, fazendo emergir, além da questão da pesquisa, questões outras: questões *de* pesquisa.
- O trabalho com narrativas é a possibilidade de produzir conhecimento partilhado *com* a escola.
- O memorial de formação é muito mais do que uma estratégia da qual nos municiamos para situar (a nós próprios e aos leitores) sobre os contextos do pesquisador; é também lugar privilegiado para perscrutar indícios da gênese da pesquisa.
- Ser *espaço em conversa* é experiência que possibilita ao sujeito pesquisador que se *ex* ponha, que se faça *ex* de si, porque, ao conversar, pode *versar com*, pode criar, pode por em verso, o que em prosa está.

Finalizando, é importante ressaltar que, a partir das experiências compartilhadas nesse grupo, em que algumas propostas se revelaram muito formativas para essas profissionais, supomos serem também formativas no trabalho com os professores e demais profissionais das escolas.

Nesse sentido, entendemos que as principais contribuições trazidas por esse trabalho dizem respeito a possibilidades metodológicas que potencializam o desenvolvimento pessoal-profissional dos sujeitos e favorecem sua transformação pela aprendizagem, especialmente por considerá-los protagonistas nesse processo, por acreditarmos que...

> A formação não é outra coisa senão o resultado de um determinado tipo de relação com um determinado tipo de palavra: uma relação constituinte, configuradora, aquela em que a palavra tem o poder de formar ou transformar a sensibilidade e o caráter do leitor. Às vezes para tirar-lhe da indeterminação da infância, do espírito de criança. E às vezes, também, para dar ao seu espírito, uma nova infância (LARROSA 2006, p. 46).

## Referências

FERRAÇO, Carlos Eduardo. A pesquisa em educação no/do/com o cotidiano das escolas. In: FERRAÇO, Carlos Eduardo, PEREZ, Carmen Lúcia Vidal, OLIVEIRA, Inês Barbosa de (orgs.) *Aprendizagens cotidianas com a pesquisa:* novas reflexões em pesquisa nos/dos/com os cotidianos das escolas. Petrópolis, DP et Alii, 2008.

FUJISAWA, Patrícia Yumi. *Pois algum lugar deve ser.* Campinas, Editora Medita, 2013.

GINZBURG, Carlo. Sinais raízes de um paradigma indiciário. In: GUINZBURG, C. *Mitos, emblemas e sinais:* morfologia e história. São Paulo, Companhia das Letras, 1989.

LARROSA, Jorge. Notas sobre a experiência e o saber da experiência. *Revista Brasileira de Educação,* n. 19 (2002).

\_\_\_\_\_. A arte da conversa. In: SCLIAR, C. *Pedagogia improvável da diferença: e se o outro não estivesse aí?* Rio de Janeiro, DP&A, 2003.

\_\_\_\_\_. A operação ensaio: sobre o ensaiar e o ensaiar-se no pensamento, na escrita e na vida. *Revista Educação e Realidade,* v. 29, n. 1 (jan./jun. 2004).

_____. *Pedagogia Profana:* danças, piruetas e mascaradas. Belo Horizonte, Autêntica, 2006.

SÁ-CHAVES, Idália Silva Carvalho. *A construção de conhecimento pela análise reflexiva da práxis.* Coimbra, Fundação Calouste Gulbenkian e Fundação para a Ciência e a Tecnologia, 2002.

_____. *Formação de professores: encruzilhadas e desafios.* Conferência proferida no curso "Desenvolvimento profissional e competência reflexiva: estratégias metacognitivas de co-construção de conhecimento." Promoção GEPEC, Unicamp, 2005.

_____. Parecer oral quando de sua participação como membro da Banca de Defesa de Doutorado de Rita Rausch, Unicamp, abr. 2008.